追撃

自民党大軍拡・腐敗政治

五十嵐 仁 著

政権交代のために

学習の友社

はしがき

自民党の裏金事件のように、どんな組織にも不祥事は起きるでしょう。でも、その組織の真価が問われるのは、それに対してどう対応するかです。不祥事に真摯に向き合い、自浄能力を示して膿を出せるかどうかが問われます。

ところが、自民党は「お手盛り」のアンケートや事情聴取、政治倫理審査会（政倫審）での「知らぬ存ぜぬ」答弁や形だけの処分でお茶を濁そうとしています。誰の指示でいつから裏金づくりが始まったのか、何に使ったのか、それすら誰も説明せず、実態は明らかになっていません。

安倍派の幹部に反省の色が見えず、真相はやぶの中です。参院安倍派のトップが知らないうちに方針が変わっていたなどということがあり得るでしょうか。離党にしても一時的なもので、将来的な復党は可能です。これまでもそうでした。それで国民が納得すると思っているのでしょうか。

安倍派幹部同士の政倫審での証言には食い違いが残り、キーマンとして浮上してきた森喜朗元首相が裏金づくりのルーツに関与していた疑念も深まるばかりです。裏金議員や派閥幹部の処分にしても、幕引きのために「やったふり」をしただけです。

調査もやらず真相が明らかにならないうちに、なぜ形だけの処分や再発防止の改革案づくりを急ぐのでしょうか。それだけ知られたくないことがあるとしか思えません。処分や党改革は真相から目をそらすためのポーズにすぎず、再発防止に論点をスリ替えてケリをつけたいだけなのです。

安倍政権以降、「モリカケ桜前夜祭」に象徴されるように権力側がやりたい放題のことを平然と行うようになりました。不祥事が発覚しても、国会でウソをついて公文書を改ざんしてきました。長年、安倍元首相のこうしたやり方を見てきた自民党議員は、何をやっても許されると思い込んでしまったのでしょう。おごり高ぶりと緊張感の欠如が、女性局や青年局などの問題行動の元凶になっているのではないでしょうか。

巨額の裏金づくりに脱税疑惑、ハレンチな会合、差別発言と悪行の限りを尽くしてきた自民党は、権力の座から追い出して下野させるしかありません。岸田首相は「解党的な出直し」を表明しましたが、出直してもらう必要はありません。もはや、解党・解散すべきです。国民が怒りの鉄槌を下さなければ、自民党はまた同じことを繰り返すに違いないのですから。

裏金問題をはじめとしてあらゆる点で行き詰まり窮地に陥った自民党大軍拡・腐敗政治を追撃したいと念じ、解散・総選挙に追い込むために大急ぎで本書を書きました。これから実施されるあらゆる選挙で、自民党にだけは投票せず敗北させましょう。そして、こう言いたいものです。「さようなら自民党」と。

もくじ

はしがき　3

序章　自民党がぶっ壊してきた日本の惨状　7

第一部　安保3文書と大軍拡・大増税　19

第1章　改憲・大軍拡を阻止し9条を守り活かすために　20

1　憲法をめぐる新たな局面　21

2　日米安保と憲法9条の相互関係　27

第2章　大軍拡・大増税による戦争への道を阻止するために　33

1　「安保3文書」による平和憲法破壊の挑戦　35

2　日米軍事同盟の危険性とアメリカの狙い　44

3　軍拡競争ではなく平和外交を　54

第3章　「新たな戦前」を避けるために──敵基地攻撃論の詭弁と危険性　61

第4章　敵基地攻撃能力は日本に何をもたらすか──岸田政権の狙いを暴く　67

第二部　裏金事件と岸田政権の迷走　75

第1章　岸田政権を覆う統一協会の闇　76

第2章　現代史のなかでの岸田政権をどう見るか　90

第3章 岸田政権の混迷と迷走 97
第4章 裏金事件があぶり出した自民党の腐敗と劣化
——表紙を変えて延命させてはならない 105
第5章 自民党政治の混迷と野党共闘の課題——受け皿を作って政権交代を 110
終章 「新しい政治」への挑戦——どうしたら良いのか、どうすべきなのか 118
あとがき 126

序章　自民党がぶっ壊してきた日本の惨状

1　能登半島地震とコロナパンデミックの教訓

2024年は驚天動地の災害によって幕を開けました。元旦に能登半島を襲った最大震度7の大地震です。新潟県上越市頸城区（旧中頸城郡頸城村）がふるさとの私は、1月1日午後3時に帰省し、4時10分に突然襲ってきた大きな揺れに驚きました。幸い大きな被害はありませんでしたが、他人事とは思えません。被災された方々にお見舞い申し上げます。

この能登半島地震とその前に世界を襲った新型コロナウイルスの大感染（コロナパンデミック）は、大きな教訓を私たちに残しているのではないでしょうか。それは新自由主義と軍事傾斜の害悪がいかに大きなものであるか、それによって私たちはいかに多くのものを失ってきたか、ということです。

私たちの日常を危険にさらし、安全で安心、安定した生活と生業を奪い去る危機とは何でしょうか。私たちは自らの命と生活、仕事を守るために何に備えなければならないのでしょうか。「今、そこにある危機」の最たるものは、なんと言っても自然災害です。自衛隊が立ち向かい「自衛」すべき対象は、外敵からの侵略である以上に自然災害が及ぼす脅威なのですから。

毎年、必ずと言ってよいほど日本は自然災害に見舞われます。台風や大雨による洪水、大雪や土砂災害、高温による熱中症、そして地震。１９９５年の阪神・淡路大震災以降でも、２００４年の新潟県中越地震に２００７年の中越沖地震、２０１１年の東日本大震災、２０１６年の熊本地震、２０１８年の北海道胆振東部地震、それに今回の能登半島地震などに襲われ、大きな被害を出してきました。

そのたびに、震災対策の脆弱性と被災者救援の不手際が批判されてきました。自民党政権は災害救助に本腰を入れず、防災よりも軍事的「防衛」に力を入れてきたからです。本来であれば、ヘリ空母を改造して小型空母ではなく手術も可能な病院船に改修するべきだったでしょう。ミサイルではなくドクターヘリを、戦車ではなくブルドーザーやショベルカーを、戦闘車両ではなくキッチンカーやキャンピングカーを購入するべきでした。そうすれば、今回も大いに役立ち、多くの被災者を救うことができたはずです。

今からでも遅くはありません。東日本大震災や能登半島地震が教えることは、本当の危機は外にではなく内にあるということでした。自然災害の脅威こそが立ち向かうべき相手だということを肝に命ずるべきです。

2　できることをやったのか

能登半島地震に対して、岸田首相は「できることは何でもやる」と言っていました。果たしてそうでしょうか。実際の対応はあまりにも遅く、あまりにも少ないものだったのではないでしょうか。岸田首相が被災現地を視察したのは1月13日で、震災から約2週間も後のことでした。

災害への支援でも、新築家屋の費用は1000万円とされているにもかかわらず、家屋の全壊に対しては300万円の補償が上限になっています。被災者生活再建支援金を増額し、対象を拡大しなければなりません。事業再生支援を借金ではなく直接支援へと拡充し、暮らしの再建に直接役立つものとするべきです。

震災救援に対する自衛隊の出動は不十分で後手に回り、持てる能力と装備を全面的に生かすものではありませんでした。道路の隆起や陥没、橋や線路の寸断の復旧に自衛隊の工兵部隊が出動することはなく、負傷者の治療や被災者の健康維持のために自衛隊が病院を開設したり医官や看護師を派遣したりすることもありませんでした。

万博で話題になっている2億円のトイレについても疑問だらけです。それだけのお金があれば、被災地に移動できるトレーラー型トイレを送るべきでしょう。それを万博で再利用すれば話題にもなり、多くの人に喜ばれるにちがいありません。震災復旧の足を引っ張らないために万博を中止すれば、もっと多くの人に喜ばれるでしょうが。

岸田政権はやろうと思えばできるはずの震災対応を全く行っていません。震災で困難に直面し、人々の苦難に対する想像力がなく、その苦しみに寄り添う意思がないからです。できることでもやる気がなく、被災者とは別の世界に生きているのが、政府・自民党の面々なのです。

3　長期政権にあぐらをかいたゆるみと慢心

自民党は長期政権にあぐらをかいているうちに異次元の住民になり、ゆるみと慢心が際立つようになりました。政治資金を集めるために開催してきた派閥のパーティーによる裏金事件は象徴的な事例です。災害への備えや対策を怠り、法律や制度を守る意思がなく、ひたすら私腹を肥やし続けてきたのです。

それればかりではありません。裏金事件に国民の厳しい目が注がれる中、またもや新たな不祥事が発覚しました。2023年11月、自民党青年局近畿ブロック会議後の懇親会に露出度の高い水着の女性ダンサー5人が招かれ、口移しで

不祥事や問題が発覚した岸田政権の政務三役や自民党議員　※は、後に議員辞職

年	月	氏名・役職	理由
2022年	10月	山際大志郎経済再生担当相	旧統一教会との接点
	11月	葉梨康弘法相	死刑を巡る失言
		寺田稔総務相	政治資金問題
	12月	秋葉賢也復興相	政治資金問題、公選法違反疑惑
		杉田水脈総務政務官	性的少数者への差別発言・表現
23年	8月	松川るい女性局長	海外研修中の写真投稿(7月)に批判
	9月	秋本真利前外務政務官	洋上風力発電を巡る受託収賄容疑で逮捕
	10月	山田太郎文科政務官	女性との不倫
		柿沢未途法務副大臣※	公選法違反事件(12月に逮捕)
	11月	神田憲次財務副大臣	税金滞納、資産差し押さえ
	12月	松野博一官房長官 西村康稔経済産業相 萩生田光一政調会長 高木毅国対委員長 世耕弘成参院幹事長	安倍派の政治資金パーティー裏金問題 (他に2閣僚、5副大臣、1政務官も辞任)
24年	1月	池田佳隆衆院議員(除名)	政治資金規正法違反容疑で逮捕
		大野泰正参院議員(離党)	政治資金規正法違反の罪で在宅起訴
		谷川弥一衆院議員(離党)※	政治資金規正法違反の罪で略式起訴
	3月	藤原崇青年局長 中曽根康隆青年局長代理	不適切な内容を含む党会合に出席

出所　『東京新聞』：2024年3月13日。

チップが渡されていたことが明らかになったのです。企画した県議は「多様性の重要性を問題提起しようと思った」と釈明したそうです。笑止千万というべきでしょう。

この会合に出席していた藤原宗青年局長と中曽根康隆青年局長代理は責任を取って役職を辞任しています。皮肉なことに、この2人は裏金事件に対して「党改革をリードしていきたい」と唱えていました。党改革の先頭にたつべき青年局などの議員の質がここまで低下したのです。

岸田政権が発足した2021年10月から閣僚や議員らの不祥事は後を絶ちません。不祥事や問題が発覚した政務三役や議員は、22年4人、23年が10人、24年にも5人となっています。合計で19人ですが、裏金事件での2閣僚・5副大臣・1政務官の辞任も含めれば27人もの多数に上ります。

不祥事が続く背景には、長期政権にあぐらをかき政権転落の心配がないという慢心がありま す。政権のゆるみが極まり、法律や常識を守る気持ちすら失ってしまったようです。そのような人たちに法律作りを任せるわけにはいきません。政権交代を実現し、一刻も早く立法府からお引き取り願うしかありません。

4　新自由主義の害悪

自然災害などの本当の危機に対処するには、岸田政権はあまりに無能で無策です。自然災害よりも軍事的脅威を重視する大軍拡政権には真の危機に対処する政策転換を期待できません。加えて、歴代の自民党政権がしがみついてきた新自由主義的政策という呪縛も岸田政権を追い込んでいます。

新自由主義的自己責任論による破壊の数々は社会を劣化させ、国民に大きな負担を及ぼしてきました。自然災害や社会的な災厄に対する備えを個人的な努力に任せ、個人の責任を強調して「自助」を強いています。隣近所での助け合い、社会的なつながりや備えによる「共助」も、できるだけ国や自治体の関与を避け、自己責任によってネットワークを作るようにしてきました。

しかし、それでは不十分です。必要なのは「自助」を強いることでも「共助」に頼ることでもなく、国や自治体という公の責任で「公助」を充実することです。しかし、岸田政権はこのような「公助」をなおざりにし、新型コロナウイルス対策でも能登半島地震での被災者救援でも、国民は大変な思いをさせられてきました。

いま必要なことは「公」の再建であり、「公共」の復権です。新自由主義的な民営化によって病院や保健所の統廃合・再編が進み、医療や介護関係者の数が減ってきました。それがどれほど大きな問題を生み出すか、コロナパンデミックによっていやというほど思い知らされました。地震対策や震災対応でも同様です。

この間の「行政改革」や民営化、規制緩和によって公務行政や消防の職員などが減らされ、労働の規制緩和によって公務における非正規化も進展しました。その結果、災害対応や被災者救援のための人手が足りず、長期にわたって援助体制をとるのが難しくなりました。必要最小限の人員による職員体制は、いざというときに割ける余力を持たないという脆弱性を生み出したのです。これこそ新自由主義による害悪の最たるものでした。

2024年3月になって紅こうじを配合したサプリメントによる健康被害が相次いだ問題も、背後には規制緩和がありました。安倍政権が成長戦略の一環として健康食品市場の規制緩和を行い、特定保健用食品（トクホ）よりも緩い基準としたからです。国の審査を必要としない機能性表示食品を新設して届け出るだけにしたため、安全性への懸念が指摘されていました。

5　実感なき株価最高値の意味するもの

能登半島地震の衝撃も冷めやらぬ3月4日、日経平均株価の終値が4万109円23銭になり、初めて4万円の大台に乗りました。2月22日にはバブル期の1989年12月の最高値3万8915円87銭を34年ぶりに更新しています。「万歳」をしている関係者の姿が報じられましたが、大きな違和感を抱いたのは私だけでしょうか。

株価は34年前に戻っただけです。「失われた30年」が取り返されたのは結構だと思います。しかし、この間にアメリカの株価は14倍にもなり、ドイツは9倍、韓国やイギリスは3倍です。これだけ大きな差が生まれていることに留意するべきでしょう。

日本の株価が3万9000円だったとき、アメリカは3万9000ドル台でした。1ドル150円でしたから、日本とアメリアの株価に150倍の差があったということです。『ジャパン・アズ・ナンバーワン』（著者のエズラ・ヴォーゲル先生には、ハーバード大学留学中にお会いしたことがあります）と言われ、三菱地所によるロックフェラーセンターの買収が話題になった過去から、これだけ大きく隔たってしまいました。

この間に、どれほど多くのものが失われたのか。私たちは冷静に振り返ってみる必要があるのではないでしょうか。その最大のものはバブル期に存在した膨大な中間層の縮小です。「失われた30年」における貧困化と格差の拡大によって、国民の大半は低所得層に転落しました。

『朝日新聞』による2月の世論調査では、「景気が良くなったと実感していますか」との問いに、「あまり実感していない」41％、「全く実感していない」47％と、合計で88％になっています。9割近くの人が景気回復を実感していません。

総務省の「家計調査」によれば、2人以上の世帯のエンゲル係数は2023年に27・8％となって比較可能な1985年以降で最も高くなりました。これは消費支出に占める食品支出の割合で、数値が高いほど生活が苦しいことを示しています。食料の購入量を減らして生活を切りつめても、物価高騰の激しさが生活を圧迫しているからです。

株や債券の投資で資産形成を図る余裕のある国民は16・1％にすぎません。およそ半数は貯蓄に頼っています。株高の恩恵を受ける人は少数派で、国民に実感がわかないのは当然です。喜んでいるのはウォーレン・バフェットやジム・ロジャーズのような外国人投資家たちばかりでしょう。

6　「衰退途上国」になってしまった日本

今や、日本は「衰退途上国」に転落してしまいました。国内総生産（GDP）はドイツに抜かれて4位、1人当たりGDPでは27位です。日本のGDPは23年10～12月期まで2四半期連続のマイナス成長で。物価高で個人消費が冷え込み、実質賃金は2024年2月まで過去最高に並ぶ23カ月連続のマイナスです。
スイスの国際経営開発研究所によれば、2023年の国際競争力総合ランキングで日本は過去最低の35位となりました。1992年には第1位であった競争力が、ここまで沈んでしまったのです。

世界競争力ランキングで日本は低迷が続く

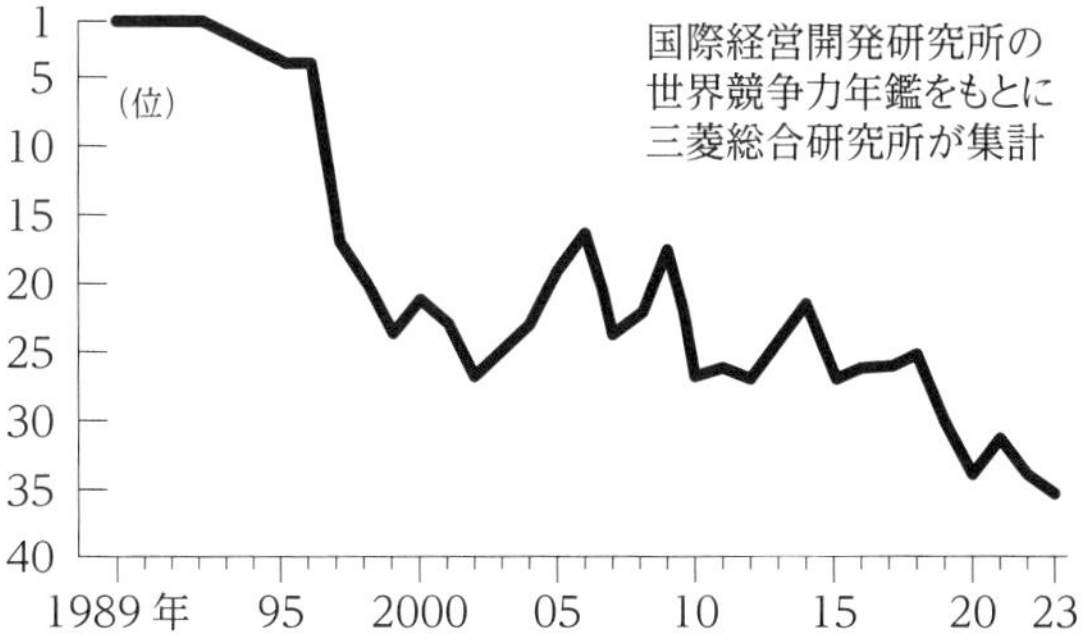

出所：『朝日新聞』2023年3月28日付。

社会の満足度（満足していない点）

(%)

経済的なゆとりと見通しが持てない	62.5
若者が社会での自立を目指しにくい	30
子育てしにくい	27.7
働きやすい環境が整っていない	26.2
女性が社会での活躍を目指しにくい	25.4
高齢者が社会と関わりにくい	20.2
心と身体の健康が保たれない	17
チャンスを見つけにくい	15.2
良質な生活環境が整っていない	13.5
人と人とが認め合えず交流しにくい	12.9
向上心・向学心を伸ばしにくい	12.2
その他	3.1
特にない	8.7
無回答	1.5

出所：総務省「社会意識に関する世論調査」2024年3月。

2024年3月22日、内閣府は「社会意識に関する世論調査」の結果を発表しました。それによれば、現在の社会で満足していない点について「経済的なゆとりと見通しが持てない」（複数回答）との答えが62・5%となって2008年以降で過去最高となりました。悪い方向に向かっている分野としては、「物価」（複数回答）の69・4％が最多です。物価高で生活は苦しく見通しが立たず、国内市場は縮小し、軍事力ばかりが肥大化しています。その陰で、裏金を蓄えて私腹を肥やしてきたのが自民党でした。

これをそのまま見過ごして良いのでしょうか。国民の命も生活も営業も守れず、経済と産業の発展も実現できなかったのが、これまでの自民党政治の実態です。この現実を直視して、どうすれば良いのかを判断し、新たな選択を決断できるのか。それが私たちに問われています。

かつて、日本の政治は二流か三流だけれども経済は一流だと言われたことがありました。前世紀から今世紀に代わるころ、もう「絶対的貧困」や物質的貧困は解決された、これからは「相対的貧困」や心の貧困だと言われたこともありました。みんな嘘です。政治も経済も三流になり、国民は飢えと貧しさに直面しています。

２０２３年に虐待の疑いがあるとして警察が児童相談所に通告した18歳未満の子どもは12万２８０６人、摘発した事件は２３８５件で、いずれも過去最多となりました。関心の高まりで通報が増えたという面がありますが、社会的病理現象の表れでもあります。また、国連の関連団体が発表した２０２４年「世界幸福度調査」によれば、日本の幸福度は前年より4ランク下がり51位だそうです。特に若年層の幸福度が相対的に低いと言います。社会も壊れ始めているということでしょうか。

長時間労働と過労死のリスクにさらされている働く人々の過酷さは変わらず、コストカットという個々の企業としては合理的な選択でも全体とすれば購買力の低下と市場の狭隘化を生み出す「合成の誤謬」も続いています。社会もまた壊れ始めているということでしょうか。

7　質的な劣化とともに量的にも縮小

日本が直面しているのは、経済の衰退や社会の質的な劣化だけではありません、量的にも縮小し続けています。15歳から64歳までの生産年齢人口は１９８６年をピークに減少し、日本人の人口も２００８年をピークに減り続けています。

厚生労働省の人口動態統計速報値によれば、２０２３年に生まれた赤ちゃんの数（出生数）は75万８６３１人で80万人を割り過去最低になりました。死者数から出生数を引いた人口の自然減も83万人を超えて最大の減少幅となっています。日本人だけでは日本社会を維持できない深刻な危機に直面しているのです。

岸田政権も危機感を強め、慌てて子育て支援を打ち出しました。そのために導入される「こども・子育て支援金」については年収６００万円で月１０００円の負担が生ずるとの試算が公表されました。そもそも公的医療保険に上乗せすること自体が大きな問題で、加入する保険の違いで負担額にばらつきが出たり逆進性が生じたりして格差を拡大し、高齢者の負担が大きく

子ども・子育て支援金に期待するか

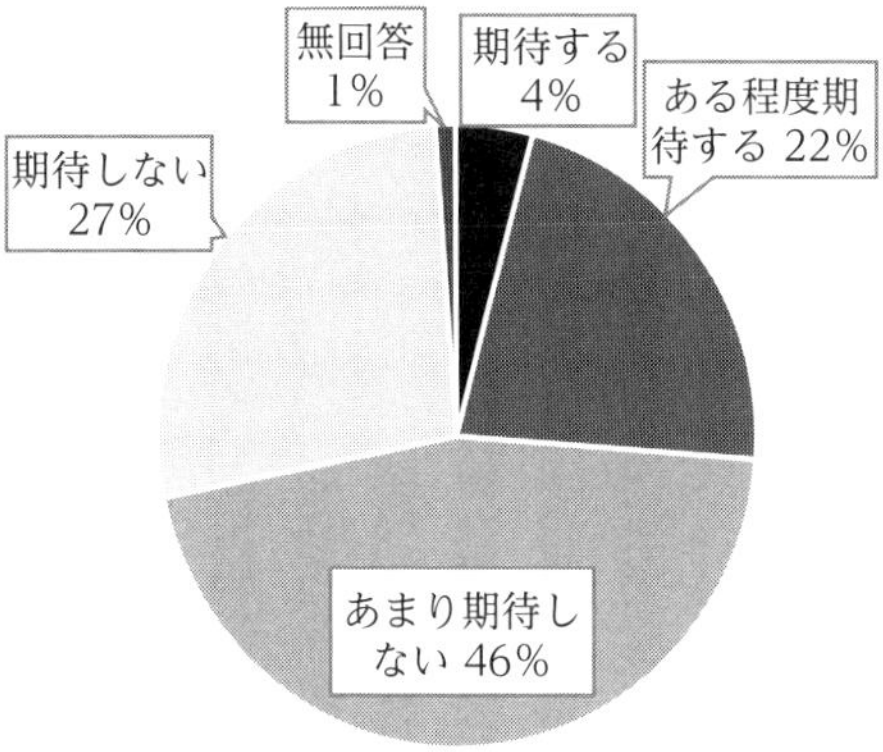

出所：日本世論調査会。

なると批判されています。

日本世論調査会によれば、「子ども・子育て支援金」に「期待しない」「あまり期待しない」と答えた人は計73%に上り、支援金に関する岸田首相の説明に「納得できない」「あまり納得できない」は計81%でした。7~8割の世論が納得していないのです。

このように少子化対策はあてにならず人口増への展望はないのに、外国人対策も悲惨なものです。難民の受け入れや外国人労働者に対する政策も、人権無視の差別的対応に終始しています。自民党が古くさい民族主義や家族主義、少数者や外国人に対する偏見や差別意識に凝り固まっているからです。自民党には次世代に向けて希望の扉を開くことはできません。

このような批判に応えて、政府は3月に技能実習に代わる外国人人材受け入れに向けての新しい制度「育成就労」創設と入管難民法の改正案を国会に提出しました。しかし、これも人権侵害が多発した外国人技能実習制度の枠組みを温存し、「転籍」は厳しく制限され永住許可を取り消せるなど看板の架け替えにすぎないと批判されています。


こんなはずではなかった、と言いたい気持ちでいっぱいです。こんな世の中にしてしまった反省を込めて、窮地に陥っている岸田政権を追撃し、延命させず倒すしかないと訴えたいと思います。自民党政治を追撃し政権交代を実現することこそが、このような惨状から抜け出して希望の持てる社会へと生まれ変わる唯一の解決策なのですから。

第一部　安保3文書と大軍拡・大増税

第1章　改憲・大軍拡を阻止し9条を守り活かすために

はじめに

ロシアによるウクライナへの侵略を機に、軍事や戦争に対する国民の忌避感情が薄れ、敵基地攻撃能力（反撃能力）の保有や核共有論が声高に主張されるようになりました。北朝鮮によるミサイル発射も相次ぎ、戦争への敷居が低くなったように見えます。「戦争は嫌だ」という素朴な感情が「日本は大丈夫なのか」という懸念や危機感に押し流されようとしています。

国民の危機感を背景として、憲法9条に対する懐疑論も強まりました。ウクライナでの戦争や北朝鮮の暴挙を利用した危機便乗型の改憲論です。以前から安倍晋三元首相や維新の会などによって主張されていた改憲発議や大軍拡に向けての動きが加速しているように見えます。

岸田政権はアメリカと中国との緊張が高まるなかで、米国寄りの姿勢を一層鮮明にし、改憲を目指しつつ防衛費の大幅増額や南西諸島の要塞化に突き進んでいます。米中両国に挟まれ、貿易で中国に深く依存しているにもかかわらず、外交を通じて両者の緊張を緩和しようという姿勢は見られません。

このような憲法と安全保障をめぐる情勢の特徴はどこにあるのでしょうか。新たな局面をどう見たらよいのでしょうか。そのような動きの何が問題なのか、どう対応したらよいのか、どのような課題が生じているのか、などについても考えてみたいと思います。

1　憲法をめぐる新たな局面

○改憲と壊憲の「二刀流」

今日の改憲論には、これまでにない特徴があります。憲法の条文の書き換え（明文改憲）のための発議のチャンスをうかがいながら、大軍拡という憲法の空洞化（憲法の破壊＝壊憲）に向けて歩みを進めるという両面作戦がとられていることです。いわば改憲と壊憲の「二刀流」による新たな憲法破壊の攻撃が始まりました。

このような「二刀流」が採用されたのは、これまでの明文改憲路線が十分な成果を挙げなかったからです。安倍晋三元首相は「2022年を新しい憲法が施行される年にしたい」と明言し、そのための国民運動をよびかけました。しかし、改憲発議への国民の支持は高まりませんでした。

発議を強行しても過半数の賛成を得られるとはかぎらず、国民投票で否決されれば改憲策動は息の根を止められてしまいます。そのようなリスクは避けたいという判断があるため、衆参両院で3分の2を上回る多数を得ているにもかかわらず、改憲発議を行うことができませんでした。

しかし、改憲への野望と軍事分担を求めるアメリカからの要請に変わりはありません。そのようなときに生じたのがウクライナ戦争であり、これに後押しされた好戦的な国民感情です。これをチャンスと捉えた自民党は、憲法9条の下での軍事大国化を目指した新たな軍拡路線を選択しました。それが敵基地攻撃能力（反撃能力）の保有であり、国内総生産（GDP）の2％を目途とした防衛費の倍増計画でした。

その背景には、改憲発議を阻止してきた9条の会などの運動の成果がありました。市民と立憲野党の草の根での地道な運動が正面からの改憲を阻止してきたために、9条に手を付けないままでの大軍拡による憲法空洞化という「迂回作戦」を余儀なくされたわけです。

9条に手を付けなければ国民に不安感や警戒心を与えず、日本の軍国化を懸念する周辺諸国の目を欺けるという「効果」もあります。しかし、改憲勢力は国会での発議をあきらめたわけではありません。その策動の主要な舞台になっているのが憲法審査会です。

○改憲発議に向けての憲法審査会での動き

2021年10月の衆院選で改憲勢力が議席を増やしたのち、憲法審査会での動きが強まりました。2022年の通常国会では2月以降ほぼ毎週開催され、過去最多の16回、参院でも2番目に多い7回に上り、緊急事態条項の創設や国会でのオンライン審議、国民投票法のCM規制のあり方などが議論されました。

2022年7月の参院選でも数を増やした改憲勢力は、秋の臨時国会でさらに改憲発議への機運を高めようとしました。自民党は9条への自衛隊明記や緊急事態条項の新設も視野に、日本維新の会を議論に引き込もうとしたのです。

2022年10月27日、衆院憲法審査会は臨時国会初の自由討議を行い、自民党は緊急事態条項創設について「早急に議論すべきだ」と提案し、公明党や国民民主党も同調しました。維新は2023年の通常国会で各党が改憲項目を持ち寄り、意見集約を図るべきだと主張しました。しかし、立憲民主党は世界平和統一家庭連合（統一協会）問題を念頭に「政治と宗教」の関係を整理すべきだと主張し、共産党も統一協会系の国際勝共連合の改憲案と自民党の改憲草案との酷似の解明を優先するよう求めました。

憲法審査会での審議を通じて、改憲論議の促進を図りたい自民党、積極的な立場からたきつける維新、同調しながらもそれほど積極的ではない公明党と国民民主党、統一協会問題を優先する立憲民主党、改憲に反対する共産党という各党の立ち位置が明らかになりました。参院選後、岸田首相は「（改憲の）実現に向け国会での議論をリードしていきたい」と意欲を示していましたが、根強い改憲反対運動や内閣支持率の低迷もあって、思惑通りには進みませんでした。

○緊急事態条項改憲の危険性

その後、衆参両院の憲法審査会において、緊急事態における国会議員の任期延長のための改憲をめぐる攻防が焦点として浮上してきました。この点で、自民・公明・国民民主・維新・有志の会という改憲5会派の足並みがそろってきたからです。この改憲派は議席数で圧倒的な多数を占めており、この緊急事態条項改憲を突破口に9条改憲を実現しようとしています。

この改憲案は、武力攻撃や大規模な自然災害、感染症の大規模な拡大、内乱などの緊急事態によって選挙の実施が困難な場合に、内閣の判断で国会議員の任期を半年または1年延長するというものです。しかし、これは内閣の一方的な判断によって緊急事態が認定され恣意的な運用が可能なこと、国会議員選挙の延長によって参政権を剥奪し国民主権原理の形骸化を招くこと、要件の一つとして外部からの武力攻撃を明記することで憲法が戦争を予定することになることなどの問題があります。

このような改憲が実行されれば、やがて内閣に立法権を認める緊急政令の制定へとつながっていくリスクも高まります。緊急事態条項改憲から9条改憲へと結びつけていく導入口となる危険な狙いを直視し、断固として阻止しなければなりません。

○憲法破壊の新段階としての安保政策の大転換

自民党の改憲運動や憲法審査会の動きと並行しながら、憲法破壊の新段階ともいうべき新たな危険性が生じました。それが敵基地攻撃能力（反撃能力）の保有であり、防衛費の倍増計画です。自民党は「国家安全保障戦略」「防衛計画の大綱」「中期防衛力整備計画」という「防衛3文書」に、この新たな安全保障政策を書き込みました。

これは戦後安全保障政策の大転換であり、憲法9条を踏みにじるだけでなく、国連憲章などにも反する重大な政策転換にほかなりません。敵基地攻撃能力を「反撃能力」と言い換えましたが、ミサイル発射に「着手」した段階で、発射される前に「指揮統制機能等」を攻撃するものですから「反撃」ではありません。

その背景にはミサイル技術が格段に進化し、迎撃がほとんど不可能になってきたことがあります。マッハ5以上の極超音速ミサイルや地形に沿って飛行する巡航ミサイルは迎撃が困難です。しかも、移動式だったり潜水艦から発射されたりすれば、「敵基地」を特定することはできません。ですから、発射される前に指揮統制をつかさどる中枢部を攻撃しなければならないというわけです。

しかし、「着手」とはどういう状態をいうのでしょうか。それをどのように判断するのでしょうか。「着手」したとみなしてミサイルが発射される前に中枢部を攻撃すれば、国際法違反の「先制攻撃」になります。国際社会から総批判を受けることは避けられません。

○裏付けのない「空想的軍国主義」

必要最小限度の実力組織である自衛隊は、いまや不必要最大限度の「国軍」になろうとしています。専守防衛による自衛路線が投げ捨てられ、国境を越えて敵基地を攻撃できるような能力を獲得すれば、それはもはや「自衛」隊ではありません。

政府は23年度概算要求に遠方から攻撃する「スタンド・オフ防衛能力」を高めるために国産ミサイルを1000キロ程度に伸ばして量産化することを盛り込み、26年度の運用開始を目指しています。しかし、それでは間に合わないということで、米国製巡行ミサイル「トマホーク」を購入することにしました。

しかし、十分な議論も正式な方針変更もないうちから、このような形で既成事実化を図ることは許されません。また、このような大軍拡を裏付ける財政措置についてもあいまいです。防衛費が倍増され11兆円を超えれば、世界第3位の軍事大国になり国民生活を圧迫します。それを支える自衛隊のマンパワーは24万7000人の定員に対して1万4000人も不足しています。

国会での十分な議論も財政的・人的な裏付けもないまま、装備の開発と購入計画が先走りしているのが現状です。「空想的軍国主義」ともいうべき空理空論の暴走によって、日本は憲法9条の下での軍事大国化という危険な領域へと足を踏み入れたのです。

これまで自衛隊は防御を受け持ち、攻撃は米軍に任せてきました。「盾」と「矛」としての機能を区別し分担してきました。これが変わります。攻撃力も備えることで、米軍と一体となって戦える「国軍」へと変貌することになります。

○「二正面作戦」による改憲発議と大軍拡の阻止

日本の軍事大国化を目指す「二刀流」の攻勢に対して、私たちはこの両方を阻止するための「二正面作戦」に取り組まなければなりません。改憲発議を許さないだけでなく、大軍拡による9条の空洞化も阻止する必要があります。この二つの課題は軍事大国化を目指す二つの道を阻むことであり、両者を結び付けて取り組むことが肝要です。

改憲発議阻止に向けては、日米安保体制の危険性と憲法9条が果たしてきた役割について、改めて学び情報発信する必要があります。これについては後に詳述しますが、このような情報発信と世論への働きかけと並行しながら、国会での改憲勢力の動きをけん制しなければなりません。憲法審査会での動きを監視し、立憲民主党や共産党などの立憲野党を励ますとともに、自民党や維新の会の策動を封ずることが重要です。

また、同じ与党であっても、自公の間には意見の違いがあります。自民党は9条の後に自衛隊の存在を認める「9条の2」を加えようとしていますが、公明党はその必要性を認めていません。代わりに、第72条の「内閣総理大臣の職務」と第73条の「内閣の職務」に自衛隊への指揮を書き込むという案を主張しています。このような自公間の違いにくさびを打ち込むことも重要でしょう。

「反撃能力」の保有と防衛費倍増に対しては、憲法9条に反し「専守防衛」という国是を踏みにじる暴論であることを幅広く示していく必要があります。これまでとは質的に異なる戦後安全保障政策の大転換であり、国連憲章に反する「先制攻撃」を公言するものであることを国民に理解してもらわなければなりません。

そのための情報発信や宣伝、駅頭でのスタンディング、集会やデモも必要です。このような草の根での世論への働きかけと結んで、国会での論戦を通じて政府・与党を追い込んでいかなければなりません。裏金事件や統一協会との関係、物価高対策などの問題への厳しい追及によって、改憲や大軍拡に向けての策動の余地を与えないことも重要です。

2　日米安保と憲法9条の相互関係

○戦争への「呼び水」と「歯止め」

改憲発議と大軍拡という日本の軍事大国化をめざす二つの道を阻むためには、日米安保体制の危険性と憲法9条が果たしてきた役割について、改めて確認しておく必要があります。日米安保と憲法9条の相互関係についての正確な理解は、安全保障政策の大転換の危険性を知るうえで欠かせない前提条件になっているからです。

そのためには、戦後の歴史を振り返ってみる必要があります。戦後のアメリカはインドシナ半島や中東などで誤った軍事介入を繰り返し、それに日本は引きずり込まれ協力させられてきました。安保体制の根幹をなす軍事同盟をアメリカと結んでいたからです。安保体制は日本を戦争に引きずり込む「呼び水」だったのです。

これに対して、重要な「歯止め」となったのが憲法9条でした。9条があったために、これまで自衛隊は戦闘に巻き込まれることなく、戦闘行為によって誰一人殺さず、誰も殺されずに今日に至っています。憲法9条は戦争に対する防波堤であり、自衛隊員を守るバリアーの役割を果たしてきたのです。

この日米安保体制と憲法9条の相反する意味と役割を明らかにし、それを幅広く情報発信することが必要です。日本国民の多くは安保体制を評価していますが、それは歴史的な事実を十分認識せず、その危険性を正しく理解していないからです。憲法9条についても、その「ありがたさ」が十分に分かっていません。その両者について明らかにし、好戦的な世論を変えていくことが重要です。

○ベトナム戦争とイラク戦争の教訓

戦争への「呼び水」としての安保体制と、戦争への「歯止め」としての9条の相互関係を示す実例を二つ挙げたいと思います。ベトナム戦争とイラク戦争です。その教訓を学ぶことが今ほど大切になっているときはありません。

アメリカが介入したベトナム戦争に、オーストラリア、ニュージーランド、タイ、フィリピン、韓国などの同盟国は軍を派遣しています。特に韓国は猛虎や青龍などの師団をはじめ延べ30万人以上の部隊を派遣し、ハーミーやフォンニの虐殺事件などを引き起こしました。その結果、5000人近い自国の若者の戦死者を出しています。

日本は重要な出撃拠点となり、軍需物資の補給や修理、兵員の休養など戦争に協力させられましたが、自衛隊を送っていません。一方で安保体制によって戦争に協力させられましたが、他方で他の同盟国のように軍を派遣することも、一人の戦死者を出すこともありませんでした。隣国の韓国とはこの点で根本的に異なっています。まさに、戦争への「歯止め」としての憲法9条の威力が発揮されていたのです。

米太平洋軍司令官が「沖縄なくして、ベトナム戦争を続けることはできない」と語ったように、沖縄の基地がなければ米軍はベトナムに介入したり、戦争を継続したりできませんでした。アメリカはベトナムで自国の若者5万8000人を犠牲にし、ドルの支配体制の崩壊を招くなど痛恨の失敗を犯しました。沖縄に米軍基地がなければ避けられたかもしれない過ちです。沖縄の米軍基地は沖縄にとってだけでなく、アメリカにとってもないほうが良かったのです。

イラク戦争に際しても、同様の教訓を確認することができます。安保体制によって陸・海・空の自衛隊がイラクに派遣されました。このとき、陸上自衛隊が赴いたのは「非戦闘地域」とされるサマーワでした。このような地に派遣されたのは憲法上の制約があったからです。

そこで陸上自衛隊は戦闘行為に加わらず、飲料水の供給や道路の補修などの非軍事的業務に従事し、殺すことも殺されることもなく引き上げてきました。心的外傷後ストレス障害（PTSD）などによって約30人の自殺者が出るという悲劇が生じましたが、イラクでの自衛隊員は9条のバリアーによって守られていたのです。

日本を戦争から遠ざけ自衛隊員のバリアーとなってきた憲法上の制約が失われれば、もはや戦争への「歯止め」はなくなり、自衛隊は戦火に巻き込まれることになります。そうならないことを祈るような気持ちで見つめているのは、自衛隊員とその家族や関係者の皆さんではないでしょうか。

○憲法9条の意義と効用

ここで特に強調しておきたいのは、憲法9条の効用であり、その「ありがたさ」です。9条改憲を主張している人々はもちろんのこと、それに反対している人々を含めて、その意義や効用が十分に理解されず、9条改憲によって「失われるものの大きさ」が良く分かっていないからです。

ベトナム戦争とイラク戦争から明らかになった教訓は、憲法9条が戦争加担への防波堤となってきたことであり、自衛隊員を戦火から守るバリアーだったことです。これらに加えて、憲法9条の「ありがたさ」について、以下の点を強調しておきたいと思います。

それは、戦後における経済成長の原動力だったということです。これが「9条の経済効果」と言われるものです。これによって軍事ではなく民生への投資を増やし、国富を主として経済成長や産業振興、福祉などに振り向け、戦後の高度経済成長を生み出すことができました。

その結果、アメリカにとって日本は経済摩擦を引き起こすほどの手ごわいライバルに成長したのです。そこでアメリカが持ち出してきたのが防衛分担と米国製兵器の購入拡大であり、日米構造協議や年次改革要望書、最近では経済安全保障です。これらによって日本の経済成長の足を引っ張り、アメリカのライバルや脅威にならないようにしようとしたのです。

9条は学術研究の自由な発展を促進する力でもありました。日本学術会議は軍事研究を拒否してきたため、兵器への実用化や軍事転用などに惑わされることなく地道な基礎研究に専念し、ノーベル賞並みの研究成果を上げることができました。

ところが、最近になって自由な基礎研究ではなく軍事研究に学問を動員しようとする動きが強まりました。科学研究費助成を上回る軍事研究開発費や国際卓越研究大学法の10兆円の大学ファンドによる政策誘導、経済安全保障法による様々な規制などによって軍事研究が促進されています。

「国力としての防衛力を総合的に考える有識者会議」では科学技術振興機構によって研究者を軍事研究に動員する枠組が提案されました。日本学術会議の会員6人に対する任命拒否も、このような学術研究に対する軍事的要請の一環にほかなりません。

さらに、9条は平和外交の推進を生み出す力だったということも重要です。しかし、残念ながらこれは可能性にとどまりました。アメリカに隷従する日本政府は9条を活かした自主的な平和外交の展開を怠ってきたからです。

国外での戦争を利益とするアメリカと、内外を問わず平和を希求する日本の立場は根本的に異なっています。米中対立や北朝鮮のミサイル発射についても、挑発の応酬ではなく、中国や北朝鮮に自制を求めるとともにアメリカにも緊張を激化させるなと忠告するべきです。９条に基づく自主的な対話による緊張緩和と戦争回避を最優先した独自の取り組みこそ、これから求められる平和外交のあるべき姿なのですから。

○活憲の政治と政府を目指して

大軍拡を阻止して憲法９条を守り活かすために何が必要でしょうか。何よりも世論を味方につけなければなりません。「ポスト真実」の時代には、何が事実であるかを知るだけでも大変な努力が必要です。このような情報戦における世論の争奪戦に勝利しなければなりません。

そのためには教育をめぐる攻防で巻き返す必要があります。自民党は戦後一貫して教育への介入を進め、教科書を書きかえて教員に対する管理・統制を強化し、批判力を欠いた従順でおとなしい若者を育成しようとしてきました。その結果、若い世代ほど政権支持が高く現状肯定感が強くなっています。これを是正する必要があります。

また、国民に事実を伝えるためには、メディアの役割も重要です。新聞やテレビなどの主要なメディアはチェック機能を低下させ政権に対する批判力を弱めています。権力にすり寄るメディアはジャーナリズムとは言えません。権力に立ち向かえる真のジャーナリズムの復権が必要です。

さらに、情報を取得する手段としてはインターネットなどの役割が高まっています。若い世代の中ではメールやX（旧ツィッター）、インスタグラム、フェイスブックなどが主流で、フェイクニュースの発信地になる例も急増しています。ＳＮＳを虚偽ではなく真実の発信地に変えていかなければなりません。

新自由主義による自治体の変質と民営化に抗して住民の利益を守り福祉を増進するとともに、これらの情報戦においても自治体労働組合が大きな役割を果していただきたいと思います。地方自治体でも統一協会の暗躍と汚染は広がっており、これらを一掃する機会として自治体選挙を活用しなければなりません。自治体労働者による正しい情報発信と選挙への取り組みを通じて、憲法が活かされる活憲の政治と政府を実現する先頭に立っていただきたいものです。

第2章　大軍拡・大増税による戦争への道を阻止するために

はじめに

岸田政権は戦後安全保障政策を大きく転換する閣議決定を断行し、「安保3文書」を改定しました。ここで打ち出された敵基地攻撃能力（反撃能力）の保有は23年1月の日米首脳会談で確認され、共同声明で「日本の反撃能力およびその他の能力の開発、効果的な運用について努力を強化する」と明記されました。

戦前も、このようにして戦争への道を突き進んでいったのでしょうか。「安保3文書」は大軍拡・大増税という総動員体制への転換を打ち出し、戦後の安全保障政策を真っ向からくつがえして戦争へと引きずり込もうとするものです。

しかも、この政策転換は嘘とデタラメに満ちており、国民に隠れて実行されました。日本が攻められてもいないのに、平和安全法制（戦争法）によってアメリカが始めた戦争に「お付き合い」して巻き込まれることになりそうです。

かつて渡辺白泉は「戦争が廊下の奥に立ってゐた」と詠み、気がつかないうちに戦争が始まってしまうことへの不安や無力感を表現しました。今回の政策転換は「戦争が表玄関から入ってきた」ようなものではないでしょうか。気がついてからでは遅い。今なら追い出して扉を閉めることができます。

そのための手立てを考え、大きな声を上げていかなければなりません。大軍拡・大増税による「新しい戦前」などマッピラです。このまま「古い戦後」を維持して平和で安全な日本を次の世へと手渡していきたいものです。

それは日本のためだけでなく、東アジアの緊張緩和と平和的な共存のためにも必要なことです。日本に軍事分担を迫り、緊張を高めて戦争へのリスクを増大させているアメリカにとっても有益な解決策となるにちがいありません。戦争になれば、どの国でも大きな犠牲は避けられないのですから。

いまは歴史の転換点です。どのような方向に変えていくのか。問われているのは私たちの選択です。誤りのない選択によって次の世代に平和な世界を手渡すことができるかどうか。今に生きる私たちの判断力と責任が問われているように思われます。

1　「安保3文書」による平和憲法破壊の挑戦

○嘘ばかりの「国家安全保障戦略」

「わが国の安全保障に関する基本的な原則を維持しつつ、戦後のわが国の安全保障政策を実践面から大きく転換する。」

これは「国家安全保障戦略」の冒頭にある一文です。すでにここに嘘があります。「基本的な原則」である専守防衛が維持されるわけではありません。そもそも原則が維持されていれば、「大きく転換」したことにはなりません。嘘をついているから、矛盾した記述になっているわけです。

このすぐ後に「安全保障に関する基本的な原則」が掲げられ、「専守防衛に徹し、他国に脅威を与えるような軍事大国とはならず」と書かれています。これも嘘です。「他国に脅威を与え」なければ「拡大抑止」の効果はなく、軍事費が世界第3位になれば正真正銘の「軍事大国」だからです。

「国家安全保障戦略」は敵基地攻撃能力を「反撃能力」と言い換え、「相手からミサイルによる攻撃がなされた場合、ミサイル防衛により飛来するミサイルを防ぎつつ、相手からのさらなる武力攻撃を防ぐために、わが国から有効な反撃を相手に加える能力、すなわち反撃能力を保有する必要がある」としています。

これも大きな嘘です。これまでの説明では、「攻撃がなされた場合」ではなく「攻撃に着手した場合」に指揮統制機能等を攻撃するとしていました。攻撃される前に攻撃するというのです。これがどうして「反撃」になるのでしょうか。

これに続けて、「武力攻撃が発生していない段階で自ら先に攻撃する先制攻撃が許されないことに一切変更はない」とも書かれています。「着手した段階」で中枢部を攻撃するとしていた説明と矛盾しています。国会審議で、これまでの答弁との整合性を追及しなければなりません。

○米軍との一体化と参戦

今回の政策転換について岸田首相は「自分の国は自分で守るため」だと説明しています。これも巨大な嘘です。中国は日本を攻めるとは言っていないからです。しかし、日本が攻められていなくても、台湾周辺での偶発的な武力衝突をきっかけにアメリカが参戦すれば、それに引きずられて日本は戦争に巻き込まれます。

「平和安全法制の制定等により、安全保障上の事態に切れ目なく対応できる枠組みを整えた。その枠組みに基づき、……戦後のわが国の安全保障政策を実践面から大きく転換する」と書かれているように、戦争法の「枠組み」を「実践面」から実行可能にしたのが、この政策転換だったのです。

戦争法の法的な「枠組み」を実行できるように自衛隊を増強し、米軍との一体化と共同作戦体制の強化を図ろうというのが、今回の大転換の目的です。そのために日米同盟が「わが国の安全保障政策の基軸」であることを再確認し、専守防衛の国是を投げ捨てることにしたわけです。

戦争法に基づいて、アメリカへの攻撃を「存立危機事態」と認定すれば、自衛隊は米軍と共に戦うことになります。日本を守るためではなく、米軍を守るための自衛隊の参戦であり、それをきっかけにして日本が本格的な戦争に巻き込まれるリスクが高まります。そうならなくても軍事対軍事による緊張の高まり、軍備拡大競争の激化は避けられません。

すでにそのような競争は始まっています。台湾への支援強化に対して中国は軍事演習を繰り返し、日米韓の連携強化には北朝鮮も対抗措置を強めています。さらに軍事的圧力を強めれば、これらの動きを鎮めるどころか、緊張を一層激化することになるでしょう。

○デタラメに満ちた政策転換

「国家防衛戦略」もデタラメに満ちています。「島嶼《とうしょ》部を含むわが国に侵攻してくる艦艇や上陸部隊等に対して脅威圏の外から対抗するスタンド・オフ防衛力を抜本的に強化する」と書かれていますが、「脅威圏の外」などどこにあるのでしょうか。北朝鮮のミサイルは日本の上空を飛び越え、中国の中距離ミサイルでさえ日本全土を射程圏内に収め、グアムにまで到達するではありませんか。

南西諸島など島嶼部での基地の建設は有害無益です。もし中国が攻めてくるとすれば、地上部隊を派遣する前にミサイルやドローンによる空からの攻撃で壊滅させられるにちがいないのですから。わざわざ攻撃目標を作り出して住民の被害を拡大するだけで何の意味もありません。

沖縄での自衛隊の機能強化との関連で、うるま市石川地区での陸上自衛隊の訓練場新設計画が突然打ち出されました。住宅地の中のゴルフ場跡地で住宅団地や県立石川青年の家などの教育施設に隣接しています。これに対して、沖縄県知事、うるま市長、自民党県議、地元自治会など与野党が一致して反対を表明しました。

１９５９年６月30日に米軍ジェット戦闘機が宮森小学校に墜落して死者18人、負傷者２１０人という大惨事を引き起こした場所ですから、それも当然です。この現場には、私も行ったことがあります。結局、この訓練場新設計画は断念に追いこまれました。

２０２４年３月30日、防衛省はうるま市の陸上自衛隊勝連分屯地で、沖縄本島では初となる地対艦ミサイル連隊発足の記念式典を開きました。12式地対艦誘導弾を装備する予定だそうです。うるま市がどのような場所なのか、知っているのでしょうか。大惨事の記憶を踏みにじり、県民の悲しみに寄り添う姿勢を忘れてしまった岸田政権を象徴する愚行だというべきです。

○着々と進む戦争準備

政府は台湾有事や中国を念頭に、長射程ミサイル部隊の配備と継戦能力の強化を重点として南西諸島の要塞化を進めてきました。12式地対艦誘導弾を運用する部隊を宮古島駐屯地、石垣駐屯地、奄美駐屯地、沖縄本島の勝連分屯地（前出）に配備し、開発を進めている同誘導弾の能力向上型なども今後配備されるとみられています。

戦争に巻きこまれるのではないかとの批判や懸念に答えるとして、政府は２０２４年３月29日、南西諸島での住民避難のための指針を初めてまとめました。沖縄県・先島諸島の５市町村にミサイル攻撃から一時避難するシェルターを設けることや国の財政支援を受けて市町村が公共施設の地下に整備し、2週間程度滞在できる施設とすることなどが盛り込まれています。避難計画のモデルケースの概要も判明しました。沖縄県・先島諸島から九州各県と山口県に約12万人を避難させる計画の一部です。最長2日間で沖縄県多良間村の住民約1000人を空路と陸路で熊本県八代市に輸送し、約1か月間受け入れるという内容です。計画は順次具体化され2024年度にまとめるとされていますが、非現実的で荒唐無稽というしかありません。

このような戦争準備は全国に及んでいます。2023年4月時点で、国民保護法に基づく「緊急一時避難施設」が全国で5万6173カ所指定されています。有事の際の自衛隊や海上保安庁による使用に備えて整備する「特定利用空港・港湾」には、沖縄だけでなく北海道など7道県の16カ所をが選定されました。2024年度の整備事業を始め、予算は350億円程度となる見通しです。

○財源の議論もデタラメ

財源についての議論もデタラメです。「予算水準が現在の国内総生産(GDP)の2%になるよう、所要の措置を講ずる」とし、「防衛力整備計画」には「金額は43兆円程度とする」と書かれていますが、中身はありません。

このような増額は2020年にエスパー米国防長官が日本などに「GDP比2%」の軍事費を要求したことが発端です。しかし、ローン契約によって積み残される16・5兆円を加えれば60兆円近くになると、『東京新聞』は報じています。これだけの額をどのようにねん出するのでしょうか。

政府は防衛力強化資金、決算剰余金の活用、歳出改革の三本柱に加え、所得税・法人税・たばこ税などの増税、東日本大震災の復興税やコロナ対策積立金の流用、これまで認めてこなかった建設国債の充当まで打ち出しています。まるで「禁じ手」のオンパレードではありませんか。

今後、財源をめぐる議論はさらに活発化するでしょう。限られた予算をどう使うのか、ミサイルよりも子供のために、という声を大きくしていかなければなりません。そうしなければ、大増税や社会保険料の負担増によって、国民生活が破壊されるのは明らかなのですから。

コロナパンデミックによって経済活動は疲弊し、国民の生活は大きな困難に直面しました。それを助けるために、世界では100を超える国と地域で消費税などの減税措置がとられています。生活が苦しければ税金を下げるというのが当たり前の政策です。

しかし、日本はコロナと物価高で国民生活が苦難のさなかにあるのに、増税しようというのです。狂っているとしか言いようがありません。生活苦にあえぐ国民の姿が見えていないのでしょうか。

○やってはならずできもしない大軍拡

アメリカと一緒に戦争しようとするのが岸田大軍拡の構想です。しかし、それはやってはなりません。憲法の制約があり、武力による威嚇を強めて国際社会の分断と対立を拡大するからです。

トマホークを400発も購入するというのは「武力による威嚇」そのものではありませんか。やらないと言ってきたことをやろうとしているのです。しかも、トマホーク1発はアメリカ国内では2億円ですが、対外有償軍事援助（FMS）で2・5倍の5億円で売りつけようとしています。だから2113億円もかかります。

オスプレイも、アメリカ国内では調達を停止しています。落ちるリスクがあるからです。2023年11月29日に横田基地所属の米空軍オスプレイが鹿児島県の屋久島沖で墜落して乗員8人全員が死亡しました。原因も明らかにせず飛行再開を強行してしまいましたが、構造的問題があると疑われている欠陥機を在庫処分するために日本に売りつけようとしているのです。

しかし、岸田大軍拡をそのまま実行できる可能性は極めて低いのが現状です。そのための金がなく、人がいないし技術もないからです。1000兆円を超える国債が積み上がっているのに5年間で43兆円、実際には60兆円ものお金をどのように調達するのでしょうか。

○自衛隊のなり手がいるのか

人がいないという問題もあります。自衛隊の定員は充足していません。なり手がいず、なってからもやめる人が多いからです。これからますます人材は奪い合いになります。企業・公務員・教員などは深刻な人手不足で、自衛隊員の募集も苦戦するにちがいありません。

しかも、今までは「人助けできますから」と言ってきました。「災害救助で自衛隊、頑張っているでしょ」と勧誘してきたのです。しかし、これからは戦争になるリスクが高まります。「人を殺すことだってできますよ」と言って勧誘するのでしょうか。それで自衛隊に入りたいと思う若者や入れたいと思う親がいるのでしょうか。

自衛隊は隊員募集のために名簿提供を市町村に求めていますが、事前の承諾なく個人情報を提供したのは違法・違憲だとして、2024年3月29日に高校生が奈良市と国を提訴しました。名簿提出について当事者がプライバシー権の侵害だと訴える裁判は初めてのことです。

自衛隊では、今でも中途退職者が増えています。防衛大学校も退学者や任官拒否者続出です。2023年度の防衛大学校の卒業生は、前年度より63人減少して383人です。中途退学が相次いだためとみられ、2017年以降で最も少なくなりました。

かき集めた人たちの質も問題で、2023年6月には岐阜市にある陸上自衛隊の射撃場で当時18歳の自衛官候補生が同僚に自動小銃を発砲して2人が死亡し、1人が大けがをする事件が起きています。

五ノ井里奈さんが告発して3人が有罪判決を受けた自衛隊内のセクハラ事件やパワハラも後を絶ちません。2024年3月15日に陸上自衛隊でのパワハラについての判決が東京地裁であり、国に150万円の支払いが命じられました。航空自衛隊でもパワハラをしたとして3月21日に空将を停職4日間の懲戒処分にしています。

自殺未遂や脱走、賭博事件まで起こしていると防衛大学校の等松春夫という現役教授が実名で告発しています。電子化された最新鋭の兵器をかき集めても兵器の山ができるだけで、それを管理し運用する人材を確保できるのでしょうか。

その兵器も国産で改良するという計画です。これがまた大きな問題で、12式地対艦誘導弾や極超音速誘導弾などを開発する技術力があるのでしょうか。これを三菱重工やJAXAに任せようとしていますが、三菱重工は中距離旅客機（MRJ）の自主開発を断念しました。JAXAの宇宙開発も失敗だらけです。H3ロケットの発射は延期続きとなり、能代でやっていたイプシロンSのエンジン燃焼試験も爆発・炎上しています。旅客機やロケットは駄目でもミサイルなら大丈夫だというのでしょうか。

○国民が気づくべきことは

今回の政策転換には、今までとは異なる危険性があることに注意しなければなりません。それは、ウクライナ戦争という新たな事態の下で実行されているということです。「国家安全保障戦略」は冒頭で「ロシアによるウクライナ侵略により、国際秩序を形づくるルールの根幹がいとも簡単に破られた。同様の深刻な事態が、将来、インド太平洋地域、とりわけ東アジアにおいて発生する可能性は排除されない」と述べています。

ウクライナ戦争の勃発によって戦争のリアリティが増大し、平和と安全に対する国民の不安感も増大しています。これまでにない大きな変化です。世論は変わりつつあり、防衛力の拡大に対する支持も少なくありません。

「戦争は嫌だ」という気持ちや軍事への忌避感情が減少し、好戦的な雰囲気が増大するなかで、日本は大きな曲がり角に差しかかっています。国民が気づくべきは戦前と同じように、戦争への道を歩んでいるということであり、生活を破壊する大増税が押し寄せてくるということです。

政策転換を行った手法にも大きな問題があります。2022年秋の臨時国会が幕を閉じるのを待ち、短期間で結論ありきの密室審議でアリバイを作っただけです。有識者会議に憲法学者は加わっていません。議事録も作成されず、透明性が欠如した独断的な政策転換でした。

座長の元駐米大使をはじめCIA（米中央情報局）のエージェントではないかと疑われるような有識者ばかりです。岸信介元首相や読売新聞社社主だった正力松太郎、自由党総裁の緒方竹虎だってCIAの関係者でした。

このような嘘とごまかしの内容を暴くとともに、今回の政策転換がもたらす数々のリスクを分かりやすく示すことが必要です。戦争に引きずりこむ安保体制・日米軍事同盟の危険性と戦争への防波堤となってきた憲法9条の役割という相互関係への理解を深めなければなりません。不安を解消できる安全保障政策、憲法9条に基づく外交政策の具体的なビジョンを明らかにしていくことが求められています。

2　日米軍事同盟の危険性とアメリカの狙い

○着々と進む戦争準備──これまでにない危険性

戦争法の「存立危機事態」による集団的自衛権の行使は、アメリカが始めた戦争への参戦システムにほかなりません。ベトナム戦争やイラク戦争のときのように戦闘への参加を断ることができるでしょうか。憲法9条という「防波堤」によって守られてきた自衛隊が、いよいよ米軍の指揮・統制のもとに実際の戦闘に加わるリスクが現実のものになろうとしています。

しかも、現在想定されている「有事」はインドシナ半島や中東地域ではなく、日本の周辺です。「台湾有事」ということになれば南西諸島や沖縄が戦場になる危険性があります。中国が勢力圏を確保するために設けた海洋上の防衛ラインである第1列島戦は、九州沖から沖縄、台湾、フィリピンを結んでいるからです。

アメリカはこれを安全保障上の脅威と考え、ミサイル網などを整備しようとしています。日本政府も南西諸島の「要塞化」を計画し、与那国島から奄美大島までの琉球弧の島々に自衛隊の基地やミサイル部隊を展開しつつあることは先に見たとおりです。

それればかりではありません。自衛隊に統合司令部を設置して統合司令官ポストを新設する、沖縄の陸上自衛隊第15旅団を強化する、宇宙空間での作戦行動を強化するために航空宇宙自衛隊に改称するなどの方針を打ち出し、宇宙空間での攻撃への日米共同対処も合意されました。

2024年3月24日、長崎県大村市にある陸上自衛隊竹松駐屯地で第3水陸機動連隊が発足しました。これは「日本版海兵隊」の3番目の基幹部隊で、規模は合計で約3000人にまで拡大され、即応能力も向上しています。離党防衛・奪還に向けて「戦える」戦闘部隊への変質が一段と進んだことになります。

○自衛隊と在日米軍の変質

自衛隊の変質という点で、もう一つ注目すべき事実が明らかになっています。戦前において軍国主義を支える精神的支柱となってきた靖国神社への接近や戦前の軍国主義回帰への懸念です。陸上自衛隊のナンバー2である陸上幕僚副長らが公用車を利用して参拝していたことが発覚し、海上自衛隊でも初級幹部らが1998年からほぼ毎年参拝していたことが明らかになりました。また、陸上自衛隊大宮駐屯地の第32普通科連隊はX（旧ツィッター）に「大東亜戦争」や「近衛兵の精神を受け継いだ部隊」などと書いています。

陸上自衛隊幕僚幹部人事部が監修した書籍では、守るべき服務規律として「官用車を使用しないこと」「随行者は伴わないこと」等が明記されていました。小林副長らの靖国参拝では、官用車を使い随行する勤務員もいたそうです。部隊としての公式参拝であることは否定できません。

２０２４年４月１日、元海上自衛隊の海将が靖国神社の新しい宮司に就任しました。10人いる宗敬者総代にも、２０１２年に元統合幕僚会議議長、19年に元海上幕僚長、23年には元陸上幕僚長が就任するなど、靖国神社と自衛隊との接近が相次いでいます。新憲法の下、自衛隊は旧軍とは異なる組織として発足したはずですが、靖国神社は新たな戦争による「英霊」の受け皿として期待されているということでしょうか。

公用車を利用し実施計画を作成しての集団参拝や自衛隊元幹部の就任は、戦前の侵略戦争を美化するだけでなく、憲法の政教分離に違反し、隊員に強制したりすることを禁じた１９７４年の事務次官通達にも反するものです。その後、参拝した関係者は「訓戒」となりましたが、身内による大甘な処分だと批判されています。

在日米軍も自衛隊の再編・変質と連携する体制を強めています。沖縄に即応部隊として海兵沿岸連隊（ＭＬＲ）を新設し、米軍横浜ノースドックへの「小型揚陸艇」部隊の配置も決まりました。ハワイにあるインド太平洋軍の指揮権を横田に移すのも自衛隊での統合司令部創設を受けての再編です。

２０２４年４月にワシントンにおいて開催された日米首脳会談で「グローバルなパートナーシップ」と位置づける共同声明が発表され、米軍と自衛隊の共同作戦計画や訓練を強化するために「指揮系統の枠組みを向上させる」と明記されました。ミサイルなどの武器の共同開発・生産の拡大、「日米防衛産業協力・取得維持整備定期協議（ＤＩＣＡＳ）」の開催なども盛り込まれています。

首脳会談では在日米軍司令部の再編が合意され、司令官の階級を中将から大将に格上げしトップの階級を日米同等にして連携を強めようとしています。インド太平洋軍司令部の機能移転が具体化されるのは１９６０年の安保条約調印後、日米同盟に関する最大の更新で、自衛隊はますます深く在日米軍に組み込まれ、その指揮下に置かれることになります。

在日米軍は現状においても大きな被害を与え、罪を犯しています。先進国ではありえない首都周辺での基地の存在と横田空域の占有、米軍基地周辺でのフッ素化合物（ＰＦＡＳ）による水質汚染の疑い、オスプレイによる市民生活への脅威、米軍将兵による犯罪被害と地位協定での特別扱い、特に沖縄での基地強化と辺野古新基地の建設、「思いやり予算」による財政の圧迫など、数え上げたらきりがありません。これらを減らすのではなく拡大しようというのです。今後も基地負担の増大とリスクの拡大は避けられません。

○対米従属の変質と深化

このように、日米の軍事的一体化と対米従属のレベルはこれまでとは全く違ってきています。米軍と融合し一体化して自衛隊はその傘下に組みこまれます。自衛隊の最高指揮官は首相ですが、事実上、その指揮権は失われます。日本の国家的自立、主権は消えてなくなり、完全な従属国、植民地になってしまうでしょう。

対米従属の質的転換が図られ、その危険性が従来になく高まっています。アメリカに言われて中国にミサイルを撃ち込んだりしたら、直ちに反撃され、全面戦争になるでしょう。アメリカと中国が戦えば、戦後初めて国連安全保障理事会の常任理事国同士の戦争となり、第3次世界大戦や核戦争に発展する大きなリスクがあります。

2つ目の問題は、北大西洋条約機構（NATO）への接近と加盟諸国や「同志国」などとの連携の強化です。日米軍事同盟・安保とNATOがドッキングしようとしているのです。岸田首相は盛んにNATOとの接近を図り、NATO理事会に出席してヨーロッパの国々との軍事的連携を強めています。

イタリアやイギリスと戦闘機の共同開発をして武器輸出に道をつけ、フランスと合同軍事演習を行い、イギリスとも軍事協定を結びました。アメリカ・イギリス・オーストラリアによる安全保障の枠組みであるAUKUS（オーカス）と日本の先端技術分野での協力も確認されました。2024年4月11日には訪米中の岸田首相とアメリカ、フィリピン3カ国による初の首脳会談が開かれ、共同ビジョンステートメントが発表されて海上合同訓練の実施なども打ち出されました。

3つ目は、圧力の受け入れではなく、自発的な協力という形で従属の質が深まっていることです。今まで、アメリカから軍事分担圧力がかかってきても、9条があるからと断ることができました。受け入れる場合でも、押し切られる形でした。しかし、安倍元首相や岸田首相はそうではなく、能動的に軍事同盟を強化しようとしています。

バイデン大統領は3回岸田首相と話して軍事費を増やすよう説得したと明かし、日本政府がのです。それに応じて、バイデン大統領は次のように訂正したのです。「首相はすでに決めていた。説得は必要なかった」と。

安倍晋三元首相の回顧録には、次のように書かれています。アメリカ・ファーストと言ってトランプが世界の安全保障から手を引こうとしたとき、「私は『国際社会の安全は米国の存在で保たれている』とトランプには繰り返し言いました。米国の国家安全保障会議（NSC）の面々と私は同じ考えだったので、NSCの事務方は、私を利用して、トランプの考え方を何とか改めさせようとすらしました」（『安倍晋三回顧録』中央公論新社、2023年、179頁）。

世界の警察官であり続けろと、安倍首相がトランプ大統領を説得したのです。こういう形に日米軍事同盟は変質しました。その危険性がこれまで以上に高まっていることを直視しなければなりません。

○アメリカは過ちを犯さなかったか

日本がここまで深く依存し従属しているアメリカですが、その国は信頼に値するのかが問われなければなりません。アメリカは過ちを犯さず信用できるのか、ということです。歴史を振り返ってみれば、いずれの問いにも「ノー」と答えざるを得ません。従属すること自体、大きな問題ですが、その相手であるアメリカは間違い続きだったのです。

ベトナム戦争ではトンキン湾事件をでっちあげて攻撃を開始しました。ペンタゴン・ペーパーによる情報操作もありました。嘘をついて戦争を始めた過去があるのです。イラク戦争でも大量破壊兵器を開発・保有しているとして攻撃し、フセイン大統領を捉えて処刑しましたが、大量破壊兵器は見つかりませんでした。完全な濡れ衣で政権を倒してしまったのです。無法な戦争で過ちを犯したのはアメリカでした。

「台湾有事」における主導権はアメリカに委ねることになりますが、それで大丈夫なのでしょうか。嘘をついて戦争を始め、判断ミスによって政権を転覆してしまった過去を持つ国に、これほど深く依存し日本の命運と国民の命を預けても良いのでしょうか。「台湾有事」では、沖縄や南西諸島の基地の存在は偶発的な衝突を本格的な戦争へと発展させる誘因になるかもしれません。基地が無ければ断念せざるを得ないのに、基地あるがゆえに戦争へと踏み切ってしまうリスクがあるからです。

戦後のアメリカは不当な軍事介入を繰り返して失敗を積み重ねてきました。アメリカは今でこそ「正義の味方」のような顔をしていますが、戦後79年のうち37年間は外国に軍隊を送ってきました。3年前まではアフガニスタンにも軍事介入していたではありませんか。

グラナダやパナマに侵攻したり、中南米やアフリカに軍隊を送ったりしてきたのです。クーデターで政府が倒れたニジェールには、今も米軍が駐留しています。北朝鮮や中国に対してだけアメリカは間違えず、日本政府も自主的な対応が可能だと言えるのでしょうか。

○日本とアメリカの違い

日米軍事同盟の危険性を考える際に最も重要なことは、日本とアメリカとは異なる立場と利害を持っているということです。両国は独立した別々の国ですから当たり前のことですが、日本政府はもとより国民の多くもこのことを忘れています。

日本はサンフランシスコ条約によって独立しましたが、多くの基地は残り半占領状態が続きました。最も深刻なのは精神的なアメリカ依存であり、軍事的外交的な隷属です。これは解消されなかったばかりか国際的な分断とブロック化が進む下でさらに強まっているように見えます。

日本とアメリカの最も大きな違いは、東アジアの緊張への対応にあります。日本は周辺地域の緊張緩和を必要としていますが、アメリカは必ずしもそうではありません。適度な緊張の発生と継続は「軍産複合体」に支配されているアメリカに大きな利益をもたらすからです。

ウクライナでの戦争は米製兵器の在庫処分と新型兵器の見本市のようになっています。兵器などの軍事支援のほとんどは軍需産業の売り上げとしてアメリカに還流し、ボーイング社などの軍需産業は「死の商人」として利益を上げ、一部を政治献金しています。さすがに自国が戦場になることは望んでいないでしょうが、他国の戦争は「蜜の味」なのです。

アメリカ政府は2022年暮れに台湾への4億2800万ドルの武器売却を発表しました。これはバイデン政権になってから7度目になります。このような商売は台湾海峡での緊張の増大があるからこそ成立するのです。

日本も同様です。トマホークの購入経費2100億円が2024年度予算案に計上されました。「台湾有事」への懸念がなければ敵基地攻撃能力（反撃能力）の保有や古くさくなり有効性が疑問視されている巡航ミサイルの爆買いなどあり得ません。まさに、東アジアでの緊張激化が米軍需産業に巨大な利益をもたらしているのです。

スウェーデンのストックホルム国際平和研究所（SIPRI）によれば、2019～23年の日本の武器輸入は世界第6位で、その97%はアメリカからとなっていました。アメリカの武器輸出先では日本が9・5%で、アジア・オセアニア地域で最大の取引国になっています。まさに、日本こそがアメリカの武器市場の拡大を支えているのです。

○アメリカの隠された狙い

アメリカと日本の違いはこれだけではありません。中国との関係でも大きな違いがあり、利害関係は異なっています。中国と日本は歴史的な関係も深く、身近な大国で最大の貿易相手国です。中国に進出している日本の企業は1万3000社を数え、そこに住んでいる日本人は10万人以上でアメリカに次ぐ多さです。

このような国と戦争できるのでしょうか。仮想敵国として考えること自体、大きな間違いです。たとえアメリカとの武力紛争が生じたとしても、日本が攻撃されない限り、その戦争に日本は加わらないという立場を明確にするべきでしょう。

また、アメリカには隠された狙いがあることにも注意が必要です。東アジアでの緊張と安全保障を口実にして日本をコントロールし、その足を引っ張ろうとしていることです。急速な経済成長で日本が強力なライバルとなり、貿易摩擦まで引き起こした過去の教訓を学んでいるからです。

アメリカの狙いに気づかず、日本政府は隷従路線を強めています。経済安全保障を名目にした産業活動への規制や日本学術会議への攻撃はその具体的な表れでした。経済や産業と科学技術の自主的で自由な発展こそが「成長戦略のカギ」であるにもかかわらず、アメリカの圧力に屈して軍事に動員しようとしているからです。

国の富を経済発展や産業育成、民生分野につぎ込んできた「9条の経済効果」と軍事にかかわらない自由で基礎的な学術研究の発展こそ、日本の強みの源泉でした。その強みがあったからこそ、アメリカに対抗し貿易摩擦を生み出すほどの力を発揮できたのです。

その力の源泉が奪われようとしています。中国を敵視することによって東アジアの危機を作り出し、それを利用しながら軍拡へと誘導することで成長への芽を摘み弱体化を図るというのが、アメリカの隠された狙いなのです。

そのために、中国を包囲し日本に軍拡を焚きつけてきました。岸田首相はその思惑に乗って二階に上ってしまいました。だから、「もういいや」と梯子を外されたのです。2023年の中ごろからアメリカの国務長官や財務長官が中国に行って手打ちし、CIA長官も行っていました。

2023年11月15日には習近平国家主席が訪米し、サンフランシスコでバイデン大統領とトップ会談が行われました。2024年4月2日にもバイデン大統領と中国の習近平国家主席は電話会談をおこない、ブリンケン国務長官とイエレン財務長官の訪中で一致しました。台湾や南シナ海をめぐる議論は平行線をたどり経済分野では激しい応酬となりましたが、軍を含めた幅広い分野での対話推進が確認されています。

日本はアメリカから最新鋭の武器を購入していますが、そのまま日本が自由に使えるわけではありません。IC化された重要な部分は全てブラックボックスになっています。だから、中枢部分については製作している会社に委ねることになります。トマホークだってアメリカの製作会社の許可がなければ発射できません。従属国そのものではありませんか。

3　軍拡競争ではなく平和外交を

○各論に騙されてはならない

安全保障政策の大転換に際して、どのような防衛力が必要なのか、どのような装備が効果的か、どこまで防衛費を増やすべきか、その財源をどう確保するのか、などの議論が始まっています。

しかし、問題はそこにはありません。政策転換の具体的な中身に入る前に、そもそもそのような転換がなぜ必要なのか、という基本的で根本的な問いが十分に議論されていないからです。各論にとらわれて総論での議論から目をそらしてはなりません。

装備計画や財源論など細部のリアリティは、そもそもなぜそれが必要なのかという根本的な問いを回避するためのゴマカシです。実際にはできもしない「空想的軍国主義」に現実性を与えるための策謀にすぎません。この土俵に乗らないように注意する必要があります。

だからと言って無視するわけもいきませんから、提案されている具体的な方策が荒唐無稽で無意味であることを示すことが重要です。個々の具体策の根拠を問いながら、それがそもそも必要であるのかという妥当性を問い続けるべきでしょう。

敵基地攻撃能力（反撃能力）の保有として示されている防衛力整備計画が無用で無駄なことを明示することが必要です。ウクライナ戦争が示しているように、現代の戦争は先進技術による誘導弾やミサイル攻撃、AＩや電波による索敵、無人ドローンやサイバー攻撃など、これまでとは様相を異にしています。前線と銃後の境も不明確です。敵の基地を想定し、それを攻撃したり島嶼部への着上陸阻止をめざしたりという作戦計画は実態に合わず、全く意味がなくなってしまいました。

現代の戦争には、「勝者」も「敗者」もありません。戦争が始まったとたんに当事者双方に犠牲者が出て「敗者」となるのです。戦争で勝つことはできず、戦争を避けることでしか「勝者」にはなれないというのがウクライナ戦争の真実であり、憲法9条の理念ではないでしょうか。

○歴史の教訓に学べ

2023年のNHKの大河ドラマ「どうする家康」は徳川家康を主人公にしていました。家康は徳川幕府を開いて戦国時代に幕を引き、「パクス・トクガワーナ（徳川の平和）」とも評される270年に及ぶ天下泰平の世を生み出しています。その秘訣は武威や武力によって支配する「武断政治」から法律やルールによって統治する「文治政治」への転換です。

力に頼る政治からの脱却こそが、体制の安定と平和をもたらしたことはきわめて教訓的です。今でいえば、軍事力などのハードパワーから平和国家としての信用や経済、文化などのソフトパワーへの転換であり、国際関係では軍事から外交への重点移動です。今日の世界でもこのような転換が求められているのではないでしょうか。

北朝鮮についても、歴史の教訓を学ぶ必要があります。ミサイル発射と核実験が自制された時期があったからです。北朝鮮の金正恩朝鮮労働党委員長とトランプ米大統領との米朝首脳会談や南北対話が実施されていた期間中、ミサイルが発射されることはありませんでした。このとき核実験も凍結され、対立と緊張は緩和に向かっていたのです。

この対話が不調に終わった結果、ミサイル発射が再開され、核実験の準備も進められています。2022年末の朝鮮労働党中央委員会総会で金総書記は新型のICBM（大陸間弾道弾）を開発するとともに、保有する核弾頭の数を急激に増やす方針を示しました。

軍事的圧力はさらなる軍備拡大を促すという軍拡競争が生じたのです。安全を求めて軍備を拡大すればさらなる軍拡を誘発し、緊張が高まって安全が脅かされるという軍拡のパラドクス（ジレンマ）にほかなりません。対話をすれば緊張が緩和し、軍事的圧力を強めれば緊張が激化するというのが歴史の示すところです。

ウクライナの教訓にも学ぶ必要があります。ウクライナはロシアの脅威に対抗するために軍拡とNATOへの加盟に頼ろうとしました。このような外交・安全保障政策が失敗した結果、戦争が勃発したのです。力による抑止政策は侵略の口実を与えました。

もしウクライナが戦争を放棄し、軍事力に頼らず「諸国民の公正と信義に信頼して、われらの安全と生存を保持しようと決意した」憲法を持っていれば、ロシアは侵略の口実を見つけられなかったにちがいありません。今の日本はこのウクライナの失敗を後追いしようとしているのではないでしょうか。

○ドイツの失敗と成功

戦後のドイツは日本と同じような形で出発し、軍は壊滅状態でした。海外派兵などはできません。しかしその後、国防軍を再建して再軍備を進め、海外に軍隊を出せるようにしてしまいました。憲法裁判所がこれを認めたのです。

アフガニスタン紛争にドイツ国防軍が派遣され、輸送業務に従事していたとき、現地の武装勢力に襲撃され55人のドイツ兵が殺されました。同じように戦後出発したドイツは死者を出し、日本の自衛隊は出していません。日本には9条がありましたが、ドイツには9条がなかったための痛恨の失敗でした。

他方で、ドイツは原発政策や環境保護、人権や性的少数者の権利擁護、ジェンダー平等、ナチスの戦争責任の追及などでは大きな成功をおさめ、日本よりもずっと進んでいます。周辺諸国との関係も日本よりずっと良好です。なぜでしょうか。明確な政権交代があり、侵略戦争と植民地支配への反省を示してきたからです。日本ではそれが不十分でした。

脱原発を選択し、再生エネルギーによる発電に依存することで経済成長を実現し、GDPで日本を上回ったのがドイツです。能登半島地震は「なくてよかった珠洲原発」を実感させました。「なくせば良いのに原子力発電」と言いたいと思います。脱原発と経済成長は矛盾しないという実例をドイツが示しているからです。

ドイツの戦争責任については、国家指導者が明確に謝罪しています。私はワルシャワに行ったときユダヤ人を収容していたゲットーの跡地に行きました。そこにはレリーフがあり、西ドイツのブラント首相がワルシャワを訪問した際にゲットーを訪れ、ひざまずいて花輪を捧げ謝罪している姿が刻まれていたのです。

ユダヤ人への迫害に対し、ひざまずいて謝ったプラント首相。日本の首相はそういうことをやらず、従軍慰安婦問題はなかったかのような言動を繰り返し、まともに謝罪していません。韓国に行ってナヌムの家を訪問し従軍慰安婦だった高齢女性に「ご苦労をかけましたね。申し訳ありません」と明確に謝罪すれば、この問題は解決していたはずです。

そうできるような政権を我々は持たず、そういう首相を生むことができませんでした。これはドイツと日本との大きな違いです。ドイツには憲法9条がなく、日本にはきちんとした政権交代がありませんでした。これが両国における戦後史の違いを生んだ大きな教訓の一つだと言えるでしょう。

○憲法の制約と時代の要請

岸田首相は常々「あらゆる選択肢を排除しない」と口にしていますが、これは大きな間違いです。首相は憲法尊重擁護義務を負っていますから、憲法の理念や趣旨に反する選択肢はきっぱりと排除しなければなりません。

憲法9条の平和主義原則に沿った外交・安全保障政策は、必要最小限度の防衛に徹し海外派兵を行わない、軍事同盟に加盟せず外国の軍事基地を置かない、仮想敵国を持たず対立する国のどちらにも加担しない、東南アジアの非核武装地帯を東北アジアにも拡大する、特定の国を敵視せず全ての国を含む集団安全保障体制を構築するなどによって具体化されるべきものです。

これに対して、今回の安全保障政策の大転換が目指しているのは、GDP2％の11兆円を超える世界第3位の軍事力、日本が攻撃されていなくても集団的自衛権によって戦争に参加、米軍とともに戦う自衛隊の自由な海外派兵、外国の指揮統制機能等の中枢を攻撃しせん滅する攻撃能力の保有、攻撃される前に実施する国連憲章違反の先制攻撃などです。

このような転換は戦後保守政治の質的な変容を示すもので、これまでの延長線上でとらえてはなりません。岸田首相は憲法の平和主義原則を真っ向から踏みにじり、60年安保闘争を教訓にして戦後保守政治が採用した解釈改憲の枠さえ、もはや守るべき一線ではなくなってしまいました。

今回の政策転換は時代が直面している問題の解決にも反しています。「自由で開かれたインド太平洋」を旗印に軍事ブロックの強化をめざしているからです。「国家安全保障戦略」は「同志国との連携」を打ち出し、「国家防衛戦略」は「日米同盟を中核とする同志国等との連携を強化する」と述べています。

しかし、国の内外で大きな問題となっているのは分断と対立の激化です。それを解決するための共存と調和こそが時代の要請となっているのではないでしょうか。国内での政治的社会的な分断に悩まされている典型がアメリカであり、日本はそのお先棒を担いで世界の分断に手を貸そうとしています。

軍事ブロックの形成と強化ではなく、分断の解決に向けて力を尽くすのが日本の役割であり、憲法9条の要請です。分断と対立を終わらせ、考え方や価値観、立場が異なっていても共存し友好関係を築けるような東アジアをめざさなければなりません。

むすび

戦争へと突き進む危険な道への選択が現実のものになろうとしています。このような「戦争前夜」において、どうすれば「新たな戦前」を阻止することができるのでしょうか。

まず何よりも必要なことは、多くの国民に事実を知らせることであり、そのために声を上げ続けることとです。そして、戦争準備に血道をあげている自民・公明の与党、それに手を貸している維新や国民民主の野党に選挙で大きな打撃を与えなければなりません。

維新を利用した野党への分断攻撃を跳ね返し、市民と野党の共闘を再建し強化することも必要です。憲法を守り、戦争準備の大軍拡とそのための大増税に反対する立憲野党を励まし、国会での追及に声援を送り、選挙での前進を勝ちとりましょう。

世論に働きかけ知らせるためには知らなければなりません。今、何が起きているのか、どこに向かおうとしているのか、戦後安全保障政策の大転換と敵基地攻撃能力（反撃能力）についての嘘とデタラメを見破り、その誤りを分かりやすく伝えていくために、歴史を学び事実を知ることが大切です。

戦争反対の幅広い世論を結集することも大切です。戦地への動員と戦闘への参加というリスクに最も不安を抱いているのは、自衛隊員とその家族、関係者ではないでしょうか。大軍拡は「身の丈に合わない」と考えている人々も含めた反戦の輪を広げていきましょう。

岸田政権に対しては「勝手に決めるな」の声を高めて追い込み、解散・総選挙を勝ち取ること、その機会に「ノー」を突き付けて退陣を迫り、大軍拡・大増税に向けての政策転換をストップすることが大きな課題になります。

軍拡をめざす政治家や高級官僚に問いたいと思います。これほどの嘘とデタラメが分からないのかと。日米同盟が深化し軍事的一体化が加速すればするほど、周辺諸国との関係が悪化し、国民の不安が高まり、戦争の足音が高くなるのはなぜなのかと。

重ねて問いたい。あなたがたには、その足音が聞こえないのかと。

第3章 「新たな戦前」を避けるために——敵基地攻撃論の詭弁と危険性

1 憲法と専守防衛に違反

憲法前文には、「平和を愛する諸国民の公正と信義に信頼して、われらの安全と生存を保持しようと決意した」と書かれています。敵基地攻撃能力など武力への依存は、このような「決意」に反するものです。また、9条は「国権の発動たる戦争と、武力による威嚇又は武力の行使は、国際紛争を解決する手段としては、永久にこれを放棄する」と宣言しています。「戦争」や「武力の行使」だけでなく、「武力による威嚇」も放棄されているのです。

だからこそ、1959年の国会答弁で伊能繁次郎防衛庁長官は「平生から他国を攻撃するような、攻撃的な、脅威を与えるような兵器を持っていることは、憲法の趣旨とするところではない」と述べていました。他国に脅威を与え威嚇するような拡大抑止政策は憲法違反だと明確に指摘していたのです。

また、専守防衛との関係についても、中曽根康弘防衛庁長官は1970年の答弁で、「具体的には本土並びに本土周辺に限る、核兵器や外国に脅威を与える攻撃的兵器は使わない」と言明し、田中角栄首相も1972年に「相手の基地を攻撃することなく、専らわが国土およびその周辺において防衛を行うことだ」と答弁していました。国外に戦場を求めず、先に手をださないということです。

岸田首相は憲法に基づく基本的な方針である「専守防衛」は堅持すると主張していますが、これは真っ赤な嘘です。憲法や専守防衛と敵基地攻撃能力の保有とは真っ向から反し、両立しません。

○国際法に反する先制攻撃

岸田政権が「反撃能力」として保有しようとしている装備とは何でしょうか。それは国境を越えて直接的に敵基地を攻撃することのできる兵器群です。具体的には、12式地対艦誘導弾能力向上型、高速滑空弾、極超音速誘導弾などの長射程ミサイルですが、開発に時間がかかるので当面は射程1600キロのトマホークをアメリカから400発購入することとしています。

2024年3月21日、防衛省は沖縄県うるま市の陸上自衛隊勝連分屯地に新たな地対艦ミサイル連隊を発足させました。これは初めてのことで、敵基地攻撃能力（反撃能力）を担う長距

敵基地攻撃能力への転用が想定される主なスタンド・オフ・ミサイル

※イメージ図は防衛省提供。射程は取材などを基に推定

名称・射程	概要
12式地対艦誘導弾能力向上型 約900キロ以上 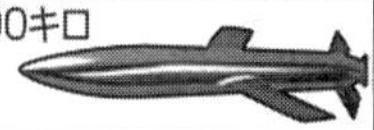	国産で地上発射型や艦艇、戦闘機搭載型も開発中。地上発射型は2026年度配備目指す。対地攻撃機能を加える構想も
島しょ防衛用高速滑空弾 約400キロ以上 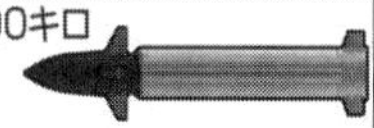	国産で開発する地対地ミサイル。26年度配備目指す。高高度を飛び、迎撃が困難
極超音速誘導弾 不明 	国産で研究開発中。実用化の時期は未定。音速の5倍以上で飛び、迎撃が困難
JSM 約500キロ 	ノルウェー製の空対艦、空対地ミサイル。納入され次第、戦闘機F35に搭載予定
JASSM 約900キロ 	米国製の空対地ミサイル。23年度に初めて取得費が計上され、戦闘機F15に搭載予定

出所：『東京新聞』2022年9月1日付。

離ミサイルの配備も視野に入っています。防衛力の「南西シフト」の一環とされ地元での反発が高まるのも当然でしょう。

　これらの長距離ミサイルが沖縄本島をはじめ南西諸島に配備されれば、中国や北朝鮮の主要都市が射程に入り、相手にとっては重大な脅威になります。もし日本への攻撃が「着手」されたとみなされれば直ちに発射されます。相手国からすれば発射以前に「反撃」されることになり、国際社会からは先制攻撃とみなされることになります。

　このような形で先制攻撃すれば報復を招くことは避けられません。ミサイル基地となる沖縄や南西諸島だけでなく、日本全土が攻撃され焦土と化す危険があります。それが想定されているからこそ、283地区の自衛隊基地の1万2636棟を地下化するなどの強靭化計画を進めようとしているのです。日本全土が火の海となり、周辺の市街地が焦土と化しても基地だけは生き残れるようにしようというわけです。

○「防衛」ではなく集団的自衛権行使のため

このような政策転換は、日本を「防衛」するためのものではありません。そもそも、今回の「安保3文書」によって名指しされ「懸念」が示されている中国・北朝鮮・ロシアは、日本を攻めると公式に表明したことは一度もなく、これらの国を「仮想敵国」とする根拠はありません。

それどころか、中国との間では1972年の共同声明で「唯一の合法政府」と認め、2008年の共同声明などでも「たがいに脅威とならない」ことをくり返し確認してきました。北朝鮮も米朝首脳会談中はミサイルを発射せず、核実験を中断していました。ロシアとの間では北方領土問題での交渉や経済協力がなされてきたのは周知の事実です。これらの交渉や対話をなぜ継続したり、再開したりしないのでしょうか。

政策転換の目的が日米同盟の強化であり、アメリカの対中戦略の転換に伴って最前線となった日本が集団的自衛権を行使できるようにするためだからです。「私は、小泉純一郎内閣の時に集団的自衛権の行使容認を何とか実現できないかと思っていたのです。小泉首相に、05年の郵政民営化関連法が成立した後、残り任期の最後の1年で行使容認をやりましょう、と言ったら、小泉さんは『君の時にやれよ』と仰った」(『安倍晋三回顧録』115~116頁)と書いているように、それは安倍晋三元首相の悲願でもありました。

これを安倍元首相は平和安保法制(戦争法)の制定によって10年後に実現しましたが、それは「枠組みを整えた」にすぎず、実態を伴っていませんでした。今回は「実践面で大きく転換」することで集団的自衛権を実行可能にすることをめざしています。その結果、「存立危機事態」と認定されれば、自衛隊は米軍と一体となって戦闘に参加できるようになります。

具体的には、アメリカが地球規模で張り巡らす「統合防空ミサイル防衛（ＩＡＭＤ）」に加わることが想定されています。台湾周辺で軍事衝突が生じれば、日本が攻められなくても自衛隊は戦争に巻きこまれることになります。自衛隊が米軍と融合しその指揮下で戦えば、首相の指揮権も日本の国家としての主権も奪われることになるでしょう。

○軍拡大増税による生活破壊

岸田政権は２０２３年度から５年間の防衛費総額を約43兆円とし、27年度には関連予算を含めてＧＤＰ比２％にすることを打ち出しました。この目標額はＮＡＴＯ加盟諸国にアメリカが要求した額で、必要経費を積み上げたものではありません。日本はＮＡＴＯ加盟国ではなく憲法９条を有する平和国家ですから、ＮＡＴＯに追随するのは誤っています。

新たに必要となる財源のうち、４分の３は歳出改革、決算剰余金の活用や東日本大震災の復興特別所得税の流用などの税外収入でねん出し、残りを法人・所得・たばこ税の増税

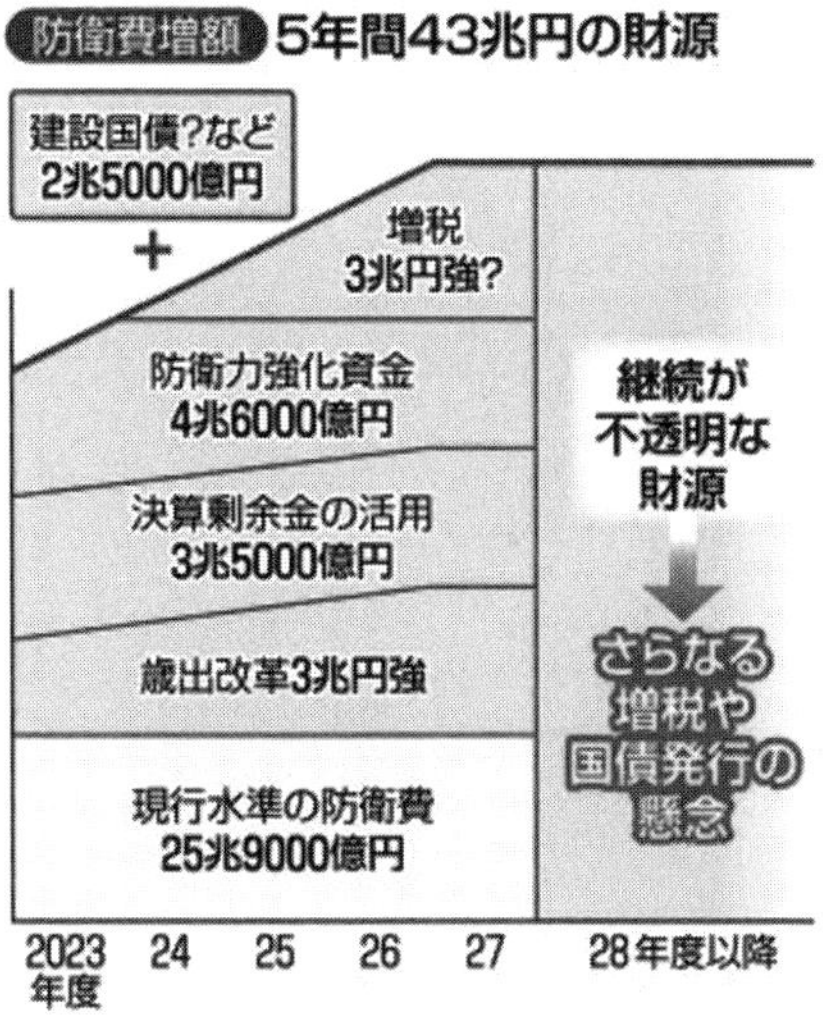

出所：『東京新聞』2022年12月17日付。

で賄うとしています。この税外収入を積み立てて使う「防衛力強化資金」を新設する「財源確保法案」も成立しました。

2024年の通常国会では、自衛隊の武器を製造企業との長期契約でまとめ買いできる時限法の改正案が可決され、恒久化されようとしています。国の予算は単年度主義が原則ですが、これによって最長10年の分割払いで購入できる例外措置が固定されます。武器購入のためのローンが大幅に膨らみ、ますます財政が悪化する恐れが出てきました。

しかし、このような特別扱いでの財源の確保や増税がそもそも必要なのか、なぜ防衛力を倍増させる必要があるのかが十分に議論されていません。復興のための税金を軍事に横流しして増税を押し付け、医療や年金、社会保障費などを削減し、国債発行に手を出すという「禁じ手」だらけの暴挙にほかなりません。

年間5兆円超もの財源があれば、医療費の窓口負担の無料化などを実現できます。国民生活を破壊して防衛財源を絞り出すような政策は「富国強兵」ならぬ「強兵貧国」政策にほかなりません。

○歴史に学ぶことが必要

2023年2月7日、韓国のソウル中央地裁で一つの判決がありました。ベトナム戦争での民間人虐殺を生き延びた女性が韓国政府相手に提訴し、賠償額約3100万円の有罪判決を勝ち取ったのです。

日本もベトナム戦争の出撃基地となるなど協力しましたが、自衛隊を送ることなくだれ一人殺すことも殺されることもありませんでした。韓国政府のような誤りを犯さずに済んだのは憲法の制約があったからで、9条の威力のおかげです。

イラク戦争では自衛隊を派遣しましたが非戦闘業務に従事し、犠牲者を出すことはありませんでした。この時も憲法9条に守られていたのです。9条があったからこそ、韓国の悲劇を避けることができたのです。必要なことは、この9条の威力を活かした外交力を発揮することではないでしょうか。

歴史に学ぶことが必要です。岸田政権による「かげに隠れてこそ」作戦に対抗し、私たちは「光を当てて見える化」作戦を実行しなければなりません。学び伝えることこそ、世論を変える力になります。岸田政権の詭弁と危険性が明るみに出されれば、戦争を望まない多くの国民が反対に転ずることは明らかなのですから。

第4章　敵基地攻撃能力は日本に何をもたらすか
―岸田政権の狙いを暴く

○ウクライナ戦争が示す「専守防衛」の姿

岸田首相は専守防衛の国是にはいささかも変わりがないと弁解していますが、これは大ウソです。今回の大軍拡の口実はウクライナ戦争ですが、岸田大軍拡が目指している戦争はウクライナでの戦争以上のものとなるからです。

ウクライナが今戦っている戦争は典型的な「専守防衛」型の戦争で、基本的にはウクライナの自国領土とその周辺だけが戦場になっています。ロシア大統領選挙に合わせてロシア領内へのウクライナ側からの攻撃が激化しました。これについて、ウクライナを拠点とするロシア人の軍事組織「自由ロシア軍団」がウクライナ側で戦うロシア人の反プーチン政権軍事組織「ロシア義勇軍団」などと軍事作戦を展開していると表明しています。攻撃しているのはロシア人の組織だというのです。

このように、ウクライナのゼレンスキー大統領が基本的にはロシアの領土を攻撃しないことを約束したうえでアメリカやNATOから兵器の供与を受けていることに注目しなければなりません。アメリカはハイマースという長距離ロケット砲を供与しましたが、わざわざ射程距離を短くしました。イギリスもロシア領土を攻撃しないとの約束のうえでストームシャドーという長距離巡行ミサイルを提供しています。

F16戦闘機は飛行機ですからどこへでも飛んでいけますが、ロシアの領空には入らない約束で供与されることになりました。ウクライナの首都・キーウがミサイルで攻撃されたからといって、ウクライナはモスクワをミサイル攻撃していません。正体不明の無人機（ドローン）による攻撃があるとはいえ、長距離砲で砲弾を撃ちこむことも巡航ミサイルや戦闘機での爆撃も実施していません。

ところが、岸田首相は「敵基地攻撃」のために相手国領土にミサイルを撃ち込むと言っており、そのための改良や装備の取得を進めようとしています。ウクライナ戦争こそが「専守防衛」だと誰も言わず、マスメディアも9条を持つ日本が専守防衛を踏みこえた戦争を戦おうとしていることを報道せず、評論家や解説者もこの事実を指摘していません。

なぜ、言わないのでしょうか。岸田大軍拡の危険性や間違いが明らかになってしまうからです。ウクライナ戦争の現実が9条に基づく防衛戦争の有効性と岸田大軍拡の危険性を雄弁に語っているのです。岸田首相は9条を踏みにじって専守防衛に反し、ウクライナがやっていない戦争をこれからやろうとしているのだということを、もっと多くの国民に知ってもらいたいものです。

○実質改憲による戦後安保政策の大転換

憲法の条文を変えることなく平和主義の大原則を実質的に転換する実質改憲が安保3文書によって具体化されました。しかし、実はそのような転換は2015年の平和安保法制（戦争法）の制定によってすでに実行されていたのです。このとき憲法解釈を変更し、それまで許されないとされてきた集団的自衛権の一部について行使を認め、日本が攻撃されていなくても「存立危機事態」と認められれば米軍と共に自衛隊が戦闘に加わることができるようになったからです。その意味で、基本は変わっていないという弁解の半分は正しいとも言えます。

しかし、それは「枠組みを整えた」にすぎず、実行できないものでした。今回はこれを「実践面から大きく転換する」（国家安全保障戦略）ことで、集団的自衛権を実際に行使できるようにしようというのです。形としての実質改憲に内実を伴わせようというのが、岸田大軍拡の狙いなのです。

その結果、9条による憲法上の制約や非軍事のタガが外されようとしています。すでに見たように、米軍と共に戦える軍隊へと自衛隊を変貌させるための施策が次々と打ち出されていることに注意しなければなりません。

殺傷兵器である戦闘機の輸出解禁もその一環です。2024年3月26日、政府は防衛装備三原則の運用指針を国会での審議を経ないまま閣議決定しました。今回と個別案件ごとに審査し決定する「二重の閣議決定」、「防衛装備品・技術移転協定」を締結した国に限定し、現に戦闘が行われている国には輸出しないなどの「三つの条件」が盛りこまれましたが、いずれも形だけで実効性はなく歯止めにはなりません。小野寺五典元防衛相は運用指針の改定によって戦車やイージス艦なども輸出可能な共同開発品として拡大できると発言しています。

1976年の国会答弁で宮沢喜一外相は「わが国は武器の輸出をして金を稼ぐほど落ちぶれていない。もう少し高い理想を持った国であり続けるべきだ」と述べていました。今の日本は、平和国家としての「高い理想」を投げ捨てるほどに「落ちぶれて」しまったようです。

○「台湾有事」を「日本有事」にしてはならない

アメリカは為替レート（購買力平価）でのGDPで2016年に中国に追い抜かれ、論文数・研究者数・政府の研究予算額などでも中国の下です。経済や学術の面で優位性を失ったアメリカの危機感と焦りは大きく、その狙いは台頭する中国の頭を抑えて覇権を維持し、再びライバルとならないように日本の足を引っ張ることにあります。そのために、日本に防衛分担を強いて対中国包囲網に引きずりこもうとしているのです。

台湾に対して中国は武力行使を排除していません。アメリカの台湾関係法は台湾防衛の軍事行動を大統領に認めています。しかし、それは義務ではなくオプション（選択）なのです。2022年9月にバイデン大統領が台湾を防衛すると明言した直後、ホワイトハウスの報道官は「（防衛するかしないかはっきりさせない）あいまい戦略に変更なし」と訂正しました。軍事的な対応が前提されているわけではありません。

中国は2023年の全国人民代表大会で「平和」統一という用語を復活し、日本との間では「互いに脅威にならない」と共同声明などで何度も確認しています。「台湾有事」が勃発しても、攻撃されない限り、日本は参戦してはなりません。「戦う決意」を迫ることも「日本有事」に連動させることも許されません。

○経済安保法への懸念と疑問

国際紛争に軍事的に関与しないというのが憲法の趣旨であり。戦争になれば日本全土が焦土となることは避けられません。しかも、そういう危機が高まった段階で、もう日本という国は立ち行かなくなります。実際には、日本は戦争できません。

最大の貿易相手国は中国ですから、戦争の危機が高まったら貿易が途絶えてしまいます。食料や各種の製品、原材料なども来なくなります。中国を包囲し孤立させようとして経済安全保障を打ち出し、輸出の管理や規制を強めようとしていますが、それで困るのは日本の方なのです。

経済安保法案は2024年の通常国会に提出されて審議入りしました。政府が重要な情報を扱う人を身辺調査し、「適正評価」を行う制度の導入などを民間企業にまで拡大する内容について多くの懸念や疑問が出されています。安保にかかわる重要な情報の範囲が不明確で人権やプライバシー、国民の知る権利を犯し、企業の自由な営業や学術研究を阻害するのではないかとの危惧があるからです。

そもそも犯罪が成立しないのに、軍事転用可能な製品を輸出したとして逮捕・勾留され、長期拘束によって死者まで出した大川原化工機事件のような冤罪を生みだすリスクもあります。外国籍のある親族や飲酒癖が問題とされれば優秀な人材であっても雇用できません。こんな法律は百害あって一利なしです。ビジネスや技術開発、学術研究への制約を生み出し、企業や大学の人材確保にとっても大きな障害をもたらすにちがいないのですから。

○ソフトパワーこそ真の抑止力

それではどのようにして緊張を緩和し戦争を防げば良いのでしょうか。軍拡による抑止力強化をやめて外交による信頼醸成に転換すれば良いのです。戦争への抑止力には軍事力などのハードパワーと外交・経済・観光などのソフトパワーがあります。力による威嚇で恐怖を強めるより、話し合いや交流によって信頼感を高めるべきです。

軍事的抑止力は恐怖に依存し、相手によって左右され、対抗しての軍拡を生むというジレンマがあります。これに対して、どのような問題でも武力に訴えることなく話し合いで解決するというソフトパワーによる抑止力にはそのようなジレンマはありません。

国内問題への相互不干渉、紛争の平和的解決、武力による威嚇又は武力行使の放棄という9

条を活かし、東南アジア諸国連合（ＡＳＥＡＮ）の取り組みに学び、仮想敵を想定せずすべての国を迎え入れる包摂性、重層的な安全保障と対話の枠組み、徹底した対話による問題の解決を図るべきです。

危機を高めないように周辺諸国との交流を深め、インバウンドを増やして仲良くすれば良いのです。周辺諸国の国民が自国の政府に対して、日本を攻めるなんてとんでもない、戦争に巻きこむなと反対するような状況をつくれば、東アジアでの危機と緊張は解消するにちがいありません。

日本という国の「平和国家」としてのイメージを生み出すうえで、９条は非常に重要でした。この国家的イメージこそが、戦後78年かけて築き上げてきた日本の政治的資産なのです。いま各国から観光客が来ています。インバウンドによる「観光立国」がこれからのビジョンであり発展の道です。

日本は世界中で憧れの的になっています。９条を持つ平和で穏やかな国に加えて、自然が豊かで治安が良く親切で美味しい国というイメージが大きな力を発揮しています。これこそが隣国との戦争を引き起こさない「抑止力」そのものです。このような力を生み出す非軍事的な力、これこそがソフトパワーなのだということを強調しておきたいと思います。

むすび

岸田政権の狙いは、危機を煽りながら政権基盤を安定させ、長期政権を築くことにありました。最大の問題は政権維持が自己目的化し、実現すべきビジョンや理念が欠落していることです。岸田首相は長期政権によって戦争国家を生み出そうとしているのでしょうか。

外交・安全保障政策でも、常に受け身で能動的なビジョンがありません。能動的なのは日米同盟の強化と軍事大国路線の具体化、「同志国」との軍事協力の強化です。軍拡以外に解決策を見いだせない岸田首相に日本の未来を託すわけにはいきません。

岸田首相には経済的な豊かさや成長に向けてのビジョンもありません。アベノミクスのツケをどう解消するのか、異次元金融緩和からどう軟着陸するのか、１０００兆円を超える国債をどう返していくのか、５００兆円もの大企業の内部留保をどう活用するのか、物価高にあえぐ国民の生活をどう支えていくのか。少子化をどう逆転し人口減にストップをかけるのか。全く展望が示されていないのです。

人権と民主主義という点でも民意無視という点でも、岸田政権は暴走を続けています。Ｇ７の他の国とは異なって同性婚のルールなどはなく、性的少数者の人権を守らず選択的夫婦別姓には無関心で、奴隷貿易や侵略戦争、植民地支配など歴史の負の遺産に対する反省もしていません。マイナンバーカードとマイナ保険証、原発「処理水」の放出、インボイス制度の導入、万博とカジノの強行、沖縄・辺野古での新基地建設など、民意への逆行も目に余ります。

こんな政権は変えるしかありません。追撃戦によって解散・総選挙を勝ち取り、政権交代を実現することが必要です。市民と立憲野党の共闘を再建・再構築し、治安維持法が荒れ狂った戦前のような社会へと突き進む岸田政権を打倒するために、皆さんが力を尽くされることを願ってやみません。

第二部　裏金事件と岸田政権の迷走

第1章　岸田政権を覆う統一協会の闇

はじめに

参院選の最終盤。驚天動地の事件が勃発しました。2022年7月8日に遊説先の奈良県近鉄大和西大寺駅前で安倍晋三元首相が銃撃され、その後死亡が確認されたからです。選挙戦の最中、衆人環視の下で発生した白昼公然たる重大犯罪です。決して許されないものですが、その結果、明らかになった事件の背景も許されざるものでした。

逮捕された山上徹也容疑者は「母親が宗教団体にのめり込んで破産した。家庭をめちゃくちゃにした団体を、安倍氏が国内に広めたと思って狙った」と述べたからです。統一協会によって家庭を崩壊させられ個人的に恨みを抱いており、その関連団体にビデオメッセージを送って「広告塔」の役割を果たしていたのが安倍元首相だったので狙ったというわけです。

その後の展開も驚愕の連続でした。これほど深い闇がかくも幅広く長い期間にわたって日本の政界を覆い、政治と行政を歪めてきたのかと、驚くほどの事実が次々と明らかになってきたからです。その中枢にあったのが自民党の清和政策研究会（安倍派）であり、安倍元首相でした。

○安倍銃撃死で急変した参院選

安倍元首相が倒れたのは参院選投票日の2日前です。この銃撃殺人は選挙の結果にも大きく影響したように見えます。事件に衝撃を受けた有権者は同情を寄せ、自民党は「弔い合戦」と位置付けて攻勢を強めたからです。メディアは当初、「特定の宗教団体」というだけで「統一協会」の名前を隠していました。

参院選の結果は与党の自公が多数を維持して立憲民主・共産の両党が議席を減らし、改憲勢力が3分の2を超えています。もともと選挙情勢は野党にとって厳しいもので、自民党の圧勝が予想されていました。安倍・菅政権の下で貧困化と格差の拡大が進み、中間層の没落を背景に社会の保守化と右傾化が深まりました。2月に始まったウクライナ侵略の影響で好戦的雰囲気が高まり、岸田新内閣に対する支持率も堅調に推移していました。

これらの「逆流」に対して、野党は本気の共闘で巻き返す必要がありました。しかし、総選挙後に高まった「野党は批判ばかり」という批判にたじろいで追及を手控え、共闘についても32ある一人区での一本化は11選挙区にとどまりました。「漁夫の利」を得た自民党は有利な形で選挙を迎えることになったのです。

しかし、選挙が始まってから、新型コロナ対策の失敗や医療崩壊、収入減や物価高騰への無策などもあって自民党は苦戦し始めました。この選挙情勢を一変させたのが、安倍元首相に対する銃撃事件です。失われかけていた支持が一気に回復し、再び与党優勢に転じたように思われます。

○あぶり出された統一協会との癒着

参院選に勝利した岸田首相は、解散・総選挙がなければ国政選挙での審判を免れ、改憲発議などの諸課題の実現に専念できる「黄金の3年間」を手に入れました。岸田首相としてはじっくりと組閣構想を練って長期政権の基礎を固めるつもりだったでしょう。

しかし、安倍銃撃事件を契機に統一協会と政治との癒着の闇に光が当たり、次々と新事実が明らかになるに及んで事態は急転しました。岸田内閣への批判が強まり始めたのです。危機感を強めた岸田首相は安倍元首相への弔意を支持回復に利用するために「国葬」とすること、統一協会と関係のある閣僚を排除するために内閣改造を早めることを決断しました。

ところが、事態はさらに暗転します。とりわけ大きな批判を呼び起こしたのは安倍首相に対する「国葬」でした。戦前の国葬令は廃止され、憲法に反し、法的根拠はなく、国会での議論も議決もなしに閣議決定だけで決めてしまったからです。法に基づかない財政支出は財政民主主義に反します。特定の個人に対する特別扱いは法の下の平等に反し、弔意の強制は内心の自由を犯します。

しかも、特別扱いされる対象が数々の批判と疑惑にさらされてきた安倍元首相でした。アベノミクスによって収入は減り、円安と物価高をもたらし、国民生活を苦しめました。特定秘密保護法や「共謀罪」法、平和安全法制（戦争法）の制定などによって憲法を踏みにじり、新型コロナ対策でも「アベノマスク」と一斉休校などの失政を繰り返してきました。

アメリカの言いなりに武器を爆買いし、北方領土の「2島返還」論でプーチンに取り入り、拉致問題は利用するだけで一歩も動かず、「モリカケ桜前夜祭」については国会で118回も嘘の答弁を繰り返し、公文書の改ざんを苦にした自殺者まで出しています。このような人をなぜ17億円もかけて「国葬」し美化しなければならないのでしょうか。

多くの疑問や批判が寄せられるのはあまりにも当然です。その後も「国葬」に対する国民の反対は高まるばかりで、内閣が改造されたにもかかわらず支持率はほとんど増えず、中には減ったものさえありました。

最も象徴的なのは『毎日新聞』の世論調査で、内閣支持率は改造前から16ポイントも激減し、36％になってしまいました。通常の内閣改造では「ご祝儀」として支持率が上昇しますが、今回は「罰金」を取られたようなもので、3割台の「危険水域」に入り込んでしまったというわけです。

○統一協会をめぐる政治の闇

ところで、統一協会とはどのような団体なのでしょうか。1954年に文鮮明《ムンソンミョン》によって韓国で設立され、「世界基督教統一神霊協会」と名乗っていたように、キリスト教系の新興宗教の一種と見られています。2012年に教祖の文鮮明が死去した後は、妻の韓鶴子《ハンハクチャ》がその後継者になりました。

統一協会の発足にあたっては、アメリカのCIAや韓国のKCIAなどの支援があったとされています。日本に進出して以降は、岸信介元首相、笹川良一や児玉誉志夫などの右翼の巨頭と結びつきました。安倍元首相が深いつながりを持っていたのは、祖父の岸や父親の晋太郎と続く「三代の因縁」があったからです。

一般のメディアなどで統一協会は「旧統一教会」と表記されていますが、その本質は反日謀略工作機関であり、反共・改憲推進団体にして反社会的詐欺集団です。宗教団体としての仮面はこの本質を隠すための隠れ蓑にすぎず、「教会」という表記は正しくありません。

協会は1964年に「世界平和統一家庭連合」と名称を変更し、日本では2015年に文化庁が改称を認証しました。しかし、この名称変更は世論を欺いて批判をかわすためのものにすぎず、「協会」の本質は何も変わっていませんから「旧」をつけるのも正しくありません。

その実態は宗教団体ではなく、反社会的なカルト団体です。したがって、「信仰の自由」の名で霊感商法や巨額献金、集団結婚や信者へのマインドコントロールを弁解することはできません。政治家との癒着や持ちつ持たれつの腐れ縁も「宗教と政治」との関係ではなく、政治家と反社会的カルト団体との結びつきが許されるのかという問題なのです。

○憲法をめぐる情勢にも大きな影響

安倍銃撃事件は岸田内閣を窮地に追い込み、憲法をめぐる情勢にも大きな影響を及ぼすことになりました。銃撃の背景には世界平和統一家庭連合（世界基督教統一神霊協会＝統一協会）に対する個人的な恨みがあったからです。統一協会に家庭を破壊された山上容疑者は恨みを晴らすために広告塔であった安倍元首相を狙ったと供述しています。

この事件によって改憲発議に執念を燃やしていた安倍元首相はこの世を去りました。最大の旗振り役が姿を消したことになります。岸田首相にとっては大きな圧力を感じていた存在の消滅でした。安倍元首相に気を使っての「忖度改憲」の重しが取れたことになります。

事件をきっかけに統一協会と自民党との関係をめぐる政治の闇に光があたり、驚くような癒着ぶりが次々と明らかになりました。岸信介元首相以来という期間の長さ、選挙でのボランティアや応援、行事への出席やあいさつなどの関係の深さ、自民党国会議員の約4割から地方議員にまで及ぶ幅の広さは想像を絶するものでした。とりわけ、選挙にあたって署名を求められた「推薦確認書」の存在とその内容は、大きな問題を投げかけました。

統一協会の本質は宗教の仮面をかぶった反社会的カルト集団であり、反共・改憲団体です。韓国に本部があり、日本人を洗脳して高額な商品を売りつけ、集団結婚によって日本人妻1万6000人を韓国に連れ出してきました。信者の家庭を破壊して宗教二世の人生を狂わすだけでなく、巨額な資金を集めて韓国に送り豪華な宮殿を建て、一部は北朝鮮にも流れていました。そのような団体と密接なかかわりを持ち、広告塔の役割を演じて政策実現の確認書を結んでいたというのです。外国勢力による内政干渉であり、国民主権と政教分離に反する政治への関与ではありませんか。自民党はどこの国の政党か、と言いたくなります。本気でこの国と国民を守る気があったのかが疑われるのも当然でしょう。

○統一協会との「政策協定」と改憲論の共通性

統一協会の友好団体である「世界平和連合」や「平和大使協議会」が自民党議員に提示して署名を求めていた「推薦確認書」の内容はさらに大きな問題を投げかけています。これは選挙で支援する見返りに協会側が掲げる政策への取り組みを求めたもので、「政策協定」ともいえる内容でした。

それは憲法改正、安全保障体制の強化、家庭教育支援法および青少年健全育成基本法の制定、ＬＧＢＴ問題や同性婚合法化の慎重な扱い、「日韓トンネル」の推進、国内外の共産主義勢力の攻勢の阻止などが柱になっています。友好団体である国際勝共連合の改憲案はもっと露骨です。内閣専制の緊急事態の創設、個人無視の家族条項、強い国家をめざす自衛隊明記などは、２０１２年発表の自民党改憲案とウリ二つでした。

自民党は政策への影響はなかったと弁明していますが、主張が同じだったから変える必要がなかったにすぎません。統一協会や勝共連合が接近してきたのは考え方が同じだったからです。外国にルーツを持ち、法の支配と人権、平和主義を守る気のない反社会的改憲集団と考え方や政策が同じだということの方が大きな問題ではないでしょうか。

統一協会との深いかかわりは憲法審査会のメンバーにも及んでいました。東京憲法会議の調査によれば、衆議院では自民党の委員28人のうち18人（64％）が選挙協力や講演などで関係があり、維新の会の馬場代表、国民民主党の玉木代表も関係者です。参議院では自民党委員22人中８人で、維新の会の音喜多幹事も関係がありました。このような人たちが改憲の旗を振っているということを忘れてはなりません。まさに、「推薦確認書」の求めるままの行動ではありませんか。

○なぜ自民党と統一協会との癒着が生じたのか

霊感商法や洗脳による巨額献金などを繰り返してきた反社会的カルト団体と自民党との癒着がなぜ生じ、これほど深く幅広いものになったのでしょうか。その最大の理由は、双方に利用価値があったからです。

そして、その土台となっていたのが、反共主義というイデオロギーであり、家父長的な家族主義に基づく古臭い政策や主張です。このような時代の趨勢に反する考え方が共通していたからこそ、改憲案が似通っていたり、その実態への警戒心や違和感を抱くことのない自然な接近が可能となったりしていたのです。

自民党議員の側からすれば、選挙での票とマンパワーの提供は魅力的であり、集会へのメッセージやあいさつ、会費の支払い、イベントへの名義貸しや参加などは「お安い御用」だったでしょう。協会のメンバーは熱心でまじめに活動する支持者であり、まとまって支援を期待できる重要な戦力だったのです。

統一協会の側からすれば、詐欺的犯罪によって失墜している社会的信用を回復し、「信者」獲得のための「広告塔」や当局の取り締まりへの防波堤として、あるいは自らが掲げている「勝共主義」や「家庭」政策の実現のために政治家を利用しようとしたのです。

しかし、虚偽や恫喝によって高額な壺や印鑑などを売りつけ、法外な巨額献金を強要するなどの犯罪行為が多くの被害者を生み、裁判でも有罪判決などが出るに及んで大きな障害に直面します。この壁を乗り越えるための打開策が名称変更であり、取り締まり当局への働きかけだったと思われます。

この点で、第２次安倍内閣時代の２０１５年の名称変更の認証は大きな意味を持ちました。名前が変わったために統一協会とは知らずに、あるいは関連団体とは気づかずに関係を持ったり協力したりした人もいたでしょう。

この名称変更に対する下村博文文科相の関与、オウム真理教の後に最重要監視対象から外された経緯、公安調査庁の報告書から「統一協会」が消えた事情、子ども庁が子ども家庭庁に変更された背景など、政治が歪められたのではないかという数々の疑惑が生じており、その解明が必要です。

○極右勢力に取り込まれた岸田改造内閣

2022年8月10日に発足した第2次岸田改造内閣は、自民党を取り巻く極右靖国派との癒着の深さを改めて示すものとなりました。統一協会とその関連団体との接点のある議員が8人もいたのをはじめ、岸田首相以下19人の自民党議員全員が日本会議国会議員懇談会（日本会議議連）と神道政治連盟（神政連）国会議員懇談会のいずれかに加盟していたからです。統一協会と接点のある大臣・副大臣と政務官は33人もおり、改造内閣の43％を占めていました。

また、8月31日に決められた自民党の新しい役員や部会長らにも会合への参加や祝電の送付など統一協会との接点のある国会議員が少なくとも18人確認されています。74人のうちの24％に当たることになります。

岸田内閣はまさに極右勢力に取り込まれた形になっています。統一協会や日本会議、神政連などと関係のない議員だけで組閣することも、自民党の役員を選任することも不可能であることが改めて明確になりました。

当初、実態の解明に消極的だった自民党は、批判の高まりに押されて所属国会議員へのアンケートを実施し、その結果を発表しました。「調査」ではなく自主申告による「点検」ですからどこまで正直に答えているかは疑問ですが、それでも379人のうちの179人（その後、180人）、半分近い47％が接点を持っていることが明らかになっています。選挙で支援を受けたり会合に出席したりした121人の実名も公表されました。

それればかりではありません。このような統一協会との癒着は中央だけでなく地方政界にも広く深く浸透しています。『朝日新聞』の調査では、都道府県議、知事のうち統一協会と接点があったことを認めた都道府県議は290人で8割が自民党だったといいます。知事は宮城、秋田、富山、福井、徳島、鹿児島の7県が接点を認めていました。予想を上回るほどの幅広さだというべきでしょう。

○政治・行政の歪みを正すために

反社会的犯罪集団の広告塔となり、その社会的信用の回復に手を貸し、政治的な影響力によって間接的に加担する結果になった罪は、どのように言い逃れしても消えることはありません。統一協会との関与が深かった議員は責任を明らかにして辞職すべきです。

数々の疑惑に対しても事実を解明することが必要です。宗教を隠れ蓑として反社会的活動や犯罪に手を染めていた統一協会に対しては、宗教法人としての認可を取り消すべきでしょう。違法行為に対して行政処分を行い、行き過ぎた場合に解散命令を出し、カルト団体に対する法的規制も検討すべきです。

地方自治体レベルでの統一協会の暗躍に対しても光を当て、その実態を解明して政治・行政の歪みを正すことが急務です。自治体の首長や議員と統一協会との接点を明らかにし、関係議員を一掃しなければなりません。

地方行政が統一協会によって歪められていないかという検証も欠かせません。その働きかけによって家庭教育支援条例や青少年健全育成条例などが制定され、関係者が学校教育にかかわっている例も判明しています。ロードレースなどのイベント後援や社会保障協議会への寄付などで関係を結んでいる例もあります。

地方の自治体や首長、議員などと統一協会及び関連団体との関りを徹底的に調査し、それを逐一切断していかなければなりません。国政と地方政治の裏面で暗躍していた統一協会や国際勝共連合などの関連団体の活動の実態を明るみに出し、中央と地方の政治・行政の歪みを正すことが緊急にして重要な課題となっています。

○厳しい対応を迫られる自民党

統一協会との関りにおいて、もっとも大きな責任を問われているのが自民党です。反社会的カルト団体との接点があっただけでなく、党ぐるみで協力関係を持ち、社会的信用の回復と犯罪行為の隠ぺい、影響力の拡大に手を貸してきたからです。

自民党はまず第1に、時代遅れの反共主義から脱皮し、伝統的家族観や反夫婦別姓・反LGBTQ（性的少数者）など協会と同様の考えを変え、ジェンダー平等や少数者の人権を認めるまともな政党へと生まれ変わらなければなりません。政治的な立場や考え方の共通性を改めなければ、統一協会との親和性を拭い去ることができないからです。

第2に、統一協会とどのような関係にあったかについて、事実を明らかにしなければなりません。アンケートによる「点検」だけでは不十分です。中立的な第三者機関による客観的な事実に基づく調査を行い、洗いざらい明らかにして膿を出し切る必要があります。清和政策研究会の会長として中心的な位置にいた細田博之元衆院議長や安倍元首相についての調査も欠かせません。

第3に、統一協会による高額な物品購入や寄付、集団結婚や洗脳によって家族を崩壊させられ、人生を狂わされた被害者に対する謝罪と救済が必要です。自民党の政治家が関わることによって生じた被害者に対して、加担し「お墨付き」を与えた立場から謝罪することは当然でしょう。

第4に、統一協会との関りの深さに応じて処分することが必要です。実質的に活動を支援し支援されていた議員に対しては、役職からの解任、党からの除名、議員辞職の勧告や次の選挙では候補者としないことなどの厳しい対応が求められます。このような形で責任を明らかにし、反社会的なカルト団体と完全に絶縁しないかぎり、自民党に明日はありません。

岸田首相は「旧統一教会との関係を断つ」と国民に約束しました。それならまず、井上義行議員のように統一協会の組織票で当選した議員に辞職を促し、山際大志郎経済再生相と萩生田光一政調会長を罷免し、下村博文議員らのように深く癒着している議員を処分するべきです。そうしなければ、国民の信頼を取り戻すことはとうてい不可能でしょう。

○政策の指南を受けて次々に実行

統一協会の関連団体である「80年代ビジョンの会」が、中曽根内閣時代に出した「自民党と新内閣への提言」を読んで、「日本の保守政治はここまで深く統一協会の影響を受け、指南されていたのか」と驚きました。ビジョンの会の提言は多くがその後実現されているからです。

提言は「日韓関係」の「緊密化を図ること」を求めています。当時、首相だった中曽根氏が訪米前に訪韓し、軍事独裁政権の全斗煥大統領と会談したことが大変注目されました。歴史教科書で日本軍国主義のアジアへの「侵略」を「進出」に書き換えたことが大問題となり、日韓関係が悪化していた時期です。全斗煥大統領に尽くしていた文鮮明＝統一協会が、中曽根氏に「修復」を求めたためです。

中曽根内閣は「ブレーン政治」だと言われ、いろいろな審議会をつくって識者を集め、反国民的な政策を実行しました。その「ブレーン」には、ビジョンの会のメンバー＝統一協会と関係がある学者、財界人、メディア幹部らがずらりと並んでいます。当時は私にもわかりませんでした。驚くべきことです。

中曽根元首相は自民党内では少数派閥で、党内基盤はかならずしも強くありません。だから統一協会・勝共連合の力を頼りにし、期待したのではないでしょうか。統一協会側には、政権中枢に浸透できるというメリットがありました。

『毎日新聞』２０２３年1月31日付によれば、文鮮明発言録（６１５巻）のなかで、最も多く名前が出てくる日本の首相は中曽根元首相で６９３回。岸信介元首相よりも多く、突出しています。歴史観や反共意識などのスタンスが非常に近かった中曽根元首相に、統一協会としては期待感も高かったのではないでしょうか。

１９８６年に衆参同日選挙がありましたが、文鮮明は自民党のために「60億円以上使った」

(『毎日新聞』2023年1月30日付)と話したと報道されています。この選挙で大勝して、中曽根元首相は総裁任期を延長して続投します。

私は当時、『戦後保守政治の転換―「86年体制」とは何か』という本を出して、中曽根政治の分析をしました。「戦後政治の総決算路線」をかかげた中曽根元首相は、この時に軽武装・経済重視・消極的改憲路線から、軍事大国化・新自由主義経済・積極的改憲への大転換を果たしたのです。

「反憲法政治」へと舵を切ったのが、この時です。まさに「戦後保守政治」の大転換でした。これ以降、日本は転落の道を歩み、こんにちの岸田大軍拡・腐敗政権に至っています。大きな問題は政策面や選挙支援などの点で、ひそかに統一協会・勝共連合の「魔の手」が広く及んでいたことです。

韓国発祥の統一協会がこれだけ日本の政治に食い込み、政策を左右するというのは、まさに「内政干渉」です。彼らはその後の各内閣にも政策提言を出しています。歴代の自民党政権と統一協会・勝共連合の深い闇の関係をあらいざらい明らかにし、この関係を断ち切らなければなりません。

第2章　現代史のなかでの岸田政権をどう見るか

はじめに

『東京新聞』２０２３年5月28日付は「データでみる失われた30年」という特集を組んでいます。そこに掲載されている「企業の時価総額ランキング」は衝撃的でした。日本の企業は１９８９年にトップ10に7社も入っているのに２０２３年には1社もなく、トップ１００でも39位のトヨタだけなのです。日本企業の凋落ぶりを象徴するようなデータでした。

戦後の日本は復興を成し遂げ、高度経済成長によって１９６８年には国民総生産（ＧＮＰ）でアメリカに次いで世界第2位となりました。『ジャパン・アズ・ナンバーワン』という本が出版されたのは１９７９年です。それからの10年間が戦後日本の絶頂期だったのかもしれません。

その後の「失われた30年」を経て、今の日本はどのような地点にあるのでしょうか。長い坂をダラダラと下り、とうとう崖っぷちにさしかかっているようにみえます。足を踏みはずせば、奈落の底へと真っ逆さまに転落してしまうような崖の上に。

この危機的な局面を招いているのが岸田政権であり、その特徴と問題点を歴史的に位置づけて解明したいと思います。

○「新しい戦前」を招き寄せる外交・安保政策

岸田政権の安保3文書に基づく大軍拡・大増税路線の欺瞞と危険性については、これまで何度も指摘してきましたので繰り返しません（本書第1部参照）。ここで指摘したいことの第1は、既成事実を先行させて国会審議自体を影の薄いものとしてきた手法の問題です。

岸田大軍拡は1960年の安保改定、2015年の戦争法制定に次ぐ第3の政策転換でした。安保改定は条約交渉と国会での審議・承認を必要とし、国民的な反対運動が巻き起こりました。戦争法制定でも国会での審議を契機に大きな反対運動が展開されました。

岸田首相はこれを避けようとして有識者会議での密室審議を優先し、閣議決定と3文書公表の後に防衛産業支援法と防衛財源確保法を通常国会に提出しました。順番を逆転させることで反対世論の高まりを避ける姑息なやり方をとったわけです。その結果、大軍拡についての国民の理解は深まらず、国会審議も低調に終わりました。

第2は、対米従属の深化とNATOへの急接近です。日本との貿易摩擦に苦慮したアメリカは1980年代中葉から軍事分担圧力を強め、中曽根内閣はこれを受け入れます。イラク戦争で日本は自衛隊を派遣しますが、憲法9条の制約によって非戦闘地域や非戦闘業務にとどまりました。憲法によって守られていたのです。

ところが、岸田首相は進んで軍事費増を表明し、専守防衛を踏み越える積極的能動的な従米路線に転換しました。しかも、ウクライナ戦争に乗じてNATOやヨーロッパ諸国との軍事的連携を強めています。これまでとは大きく異なる安保の変質が生じているのです。

第3は、日米韓3カ国による新たな軍事ブロック形成の危険性です。2023年8月のキャンプ・デービッド会談で結束を確認した3カ国首脳は「共同声明」で安保協力の強化を目的に首脳・外相・防衛相・安保担当の政府高官それぞれによる協議体を設け、「定例化」して年1回以上開催することを約束しました。

これは日米間の軍事協力をNATO並みに引き上げ、ギクシャクしてきた日韓の外交的軍事的連携を強化し、政権が変わっても揺らぐことのない枠組みを作り出そうとするものです。このような新たな軍事ブロックの形成は東アジアにおける分断と対立を深め、軍事対軍事の競争をエスカレートさせ、緊張を緩和するどころかますます激化させるだけです。

○生活を破壊する経済・財政政策

戦前の日本は「富国強兵」政策を採用しました。今の岸田大軍拡は軍事大国化して貧しくなる「強兵貧国」政策です。これから戦争になるかは国際情勢いかんですが、貧しくなることは確実です。これまでも「失われた30年」によって下り坂を辿ってきたことはすでに指摘した通りです。

GDPは2023年中にドイツに抜かれて4位になりました。実質賃金は低迷し直近でも23カ月連続で前年同月比よりマイナスになり、過去12年間で33万6000円の減少です。最低賃金が1000円を超えて騒がれていますが、オーストラリアの最賃約2000円の半分にすぎません。

このような経済の低迷を抜け出すとしていたのがアベノミクスでした。しかし、その「3本の矢」（金融政策、財政政策、成長戦略）は実現せず、マイルドなインフレになれば景気が回復するというリフレーション理論や、富める者が富めば貧しいものにも富が滴り落ちるというトリクルダウン理論は幻に終わりました。

今後も実質賃金や最低賃金の画期的引き上げ、年金の増額は期待できません。コロナ禍の苦境を救うために世界103カ国・地域で実施された消費税の引き下げもなく、インボイス制度の導入で実質的に消費税を増額しました。防衛財源確保法の制定で生活支援の財源は軍拡に回され、増税の予定もあり、少子化対策のために社会保険料も増額されようとしています。

ウクライナ戦争を契機とした物資不足と値上げラッシュの下にある国民生活は異次元の金融緩和による円安のツケが回ってきて、まさに崖っぷちに立たされています。政治を変えて経済・財政政策を転換しなければ生活を守ることのできないギリギリの局面にあるのが現状です。

○人権と民主主義への逆行

岸田首相は「法の支配」「自由で開かれたインド太平洋」「先進国との価値観の共有」を口にしています。これも全てウソばかりです。法の土台である憲法を無視し、メディアを規制し、人権と民主主義に逆行し、国連や他のG7サミット参加国から問題点を指摘され、改善を迫られています。

2023年5月のG7広島サミットを前に、6カ国とEUの駐日大使は連名で岸田首相に性的少数者（ＬＧＢＴＱ）の人権を守る法整備を促す書簡を送りました。サミット参加国のうち日本だけが時代に逆行し、価値観を共有していなかったからです。２０２３年の通常国会では理解増進法が成立しましたが、「不当な差別はあってはならない」などと修正され、「差別増進法」に歪められてしまいました。

７月には、国連の人権理事会作業部会が調査団を派遣し、ジャニーズ事務所をめぐる性加害問題を取り上げて注目されました。しかし、その調査内容は女性、性的少数者、障害者、アイヌなどの先住民族、被差別部落、労働組合など２００項目を超え、ジャニーズ問題は5項目にすぎません。難民や技能実習生などを含めて、これらの人々が人権侵害のリスクにさらされているからです。

２０２３年の通常国会で成立した改定難民認定法も難民の人権を侵害する内容でした。ジェンダー格差の点でも日本は１４６カ国中１２５位で、政治分野では１３８位にまで低下しています。平等実現には政治の意思が重要ですが、その分野でこそ女性の地位が決定的に低いという点に大きな問題があります。

報道の自由度でも日本は26位でG7参加国では最低です。テレビ放送については放送法の解釈変更によってメディア支配を強めようとしていた総務省の内部文書が明らかになりましたが、高市元総務相はうやむやにしてしまいました。マスメディアの権力への監視や政権への批判力も弱体化し失われる一方です。

２０２３年9月1日は関東大震災から１００年で朝鮮人などに対する虐殺事件からも１００年を迎えました。小池百合子東京都知事は今年も虐殺犠牲者に対する追悼文の送付を見送り、松野官房長官は記録が「政府内に見当たらない」と発言しています。歴史の事実を直視せず、加害の歴史への責任を回避しようとする点でも、他の先進国とは異質で時代逆行の恥ずかしい姿だというしかありません。

○続発するスキャンダルと辞任

岸田政権はスキャンダルまみれで閣僚などの辞任が相次いでいる点でも特徴的です。2022年10月に山際大志郎経済再生担当相が統一協会との癒着を批判されて辞任し、11月には葉梨康弘法務相が度重なる失言で辞任しました。また、寺田稔総務相も政治資金の不適切な処理などで辞任しています、

12月には秋葉賢也復興相が事務所経費をめぐる問題で辞任し、杉田水脈総務政務官も女性や性的少数者などへの差別発言で辞任に追い込まれました。差別発言では、荒井勝喜総理秘書官も更迭されています。

その後も更迭や辞任は続きました。岸田首相の息子である翔太郎首相秘書官が公私混同による不祥事で更迭され、木原誠二官房副長官も警察捜査への介入などの疑惑が報じられました。また、自民党女性局のパリ研修旅行でも不適切な実態や写真の投稿などが批判され、松川るい女性局長が辞任に追い込まれています。

さらに2023年8月になって、秋本真利外務政務官が日本風力開発から多額の資金提供を受けた収賄の疑いで辞任し、自民党も離党しました。一時、大きな批判を浴びた統一協会との癒着やその深い闇の解明も放置されたままです。

これらのスキャンダルの要因は本人の資質や常識・倫理感の欠如などによるものですが、それを任命した岸田首相にも大きな責任があります。同時に、構造的な背景にも注目しなければなりません。それは小選挙区制という選挙制度です。大政党有利で世襲議員を生み出し、政治を固定化して女性の進出を阻み、緊張感を失わせて政権にあぐらをかくことを可能にしているからです。

○諸悪の根源は小選挙区制にあり

歴史を振りかえってみれば、自民党が試みたあらゆる改革は失敗の連続でした。行政改革は官の役割を後退させ、財政改革は国債の増大を招き、税制改革は企業減税と消費税の増税をもたらし、労働改革は非正規労働者を増大させました。年金改革は支給額を減らすだけで、社会保障改革も保険料の増加と福祉サービスを低下させ、大学改革や教育改革は教員の負担の増加と研究力・教育力の衰退を生み出しています。

なかでも、最も失敗したのが政治改革です。小選挙区制が4割台の得票率で7割台の議席をもたらし独裁体制を築くことは当初から明らかでした。私は拙著『一目でわかる小選挙区比例代表並立制』（労働旬報社、1993年）で「『死票』がゴマンと出る」「政党と議員の固定化がすすむ」「投票率が低下する」などを指摘しましたが、その後30年の経過はこれを裏付けるものとなりました。

自民党に好き勝手を許している諸悪の根源は小選挙区制にあり、野党の分断はそれに手を貸す結果となっています。日本の政治をまともなものにするために選挙制度の改革は急務ですが、現状では野党の選挙共闘によって政権交代にむけての可能性を探るしかありません。どの野党も単独での政権獲得は不可能で、維新は共闘を拒否しているのですから。

野党共闘の再建に向けては、職場での労働組合の共同闘争や草の根での様々な市民団体・政党などの共同行動の積み重ねが重要です。そのうえで、中央段階で選挙共闘に向けて合意し政策協定を結ばなければなりません。形だけの候補者調整ではなく、対等平等で互いを尊重しあう「本気の共闘」が不可欠です。

第3章　岸田政権の混迷と迷走

○出口が見えない隘路

2023年通常国会での悪法のてんこ盛りは、岸田政権が行き詰まり、先進諸国と価値観を共有せず、東アジアの平和を守れないことを示しました。経済の破綻と物価高によって命と暮らしを危機にさらし、難民やLGBTQなどの人権を守れずジェンダー平等を実現する意思を持たないことも明らかになりました。

核をめぐっても、日本は福島第1原発の過酷な事故を経験し、広島・長崎での唯一の戦争被爆国であり、核廃絶に向けて先頭を切るべき特別の地位と役割をもっています。それにもかかわらず、原発依存から再生エネルギーへ、核抑止への依存から核兵器なき世界へという歴史の流れに逆らい続けてきました。

マイナンバーカードの強要とマイナ保険証への切り替えの義務化でも様々なトラブルを生み出し、破綻が明瞭になってきています。カードの返上が50万枚近くに達するなど国民の不安と反発は高まっており、このまま強行すれば政権の命取りとなるでしょう。

深刻なのは、岸田政権にはこれらの困難を打開するビジョンがなく、トラブルに対する解決策をもちあわせていないことです。出口が見えないという点では正真正銘の行き詰まりだというほかありません。本当の失敗は、失敗したことが明らかになってもやり直しができないことです。

米国に踊らされて大軍拡に転じた途端に米国は方向を転換して梯子を外しました。対決路線一辺倒ではやっていけません。中国との緊張緩和、北朝鮮のミサイル発射や核実験の停止などをどう実現するのか。東アジアにおける平和と共存共栄に向けてのビジョンが本格的に問われることになります。

大軍拡の裏付けとなる国民負担と大増税も大きな問題です。物価高にあえぐ国民生活を直撃することは明らかで、さらなる貧困化は避けられません。少子化対策のための財源確保も増税や負担増に結びつきます。税と社会保障関連費の国民負担率は約5割に近づき、まるで「五公五民」の江戸時代に逆戻りしたようなものです。

○空振りに終わった内閣改造

2023年9月13日、岸田首相は内閣を改造しました。しかし、これほど評判の悪い内閣改造が、これまであったでしょうか。与党からも落胆の声が上がっているようです。「通常は『ご祝儀』を含めて改造で少しプラスになるものだが……。改造が評価されていない」と。

岸田首相は2024年秋の総裁選挙に向けて、刷新感やイメージアップのために5人の女性閣僚を起用しました。しかし、麻生派会長の麻生太郎副総裁、茂木派会長の茂木敏充幹事長、安倍派幹部の松野博一官房長官ら「骨格」がそろって留任し、枝葉は変えても幹は変わらず同じ形に見えます。

女性5人の起用について、岸田首相は「女性ならではの感性や共感力の発揮に期待したい」と述べ、個々人の資質や専門性を評価したものではなかったことを吐露しました。副大臣と政務官54人の人事では派閥順送りの推薦をそのまま受け入れたため、初めて女性がゼロになって大きな批判を浴びました。

選挙対策委員長に小渕優子元経産相を起用したのも問題になりました。自身の政治団体をめぐる不明朗な会計処理が発覚し、秘書2人が有罪となって大臣を辞任した過去があるからです。このとき家宅捜索前にパソコンのデータを保存するハードディスクに電気ドリルで穴を開けたことが報じられ、「ドリル優子」などと呼ばれました。

このように、岸田内閣の改造は不発に終わっています。自分の都合ばかり優先した内向きの人事だったからです。マイナンバーカードの導入やマイナ保険証への切り替え、福島第1原発の放射能「処理水」の放流、インボイス制度の実施、大阪での万博やカジノの推進、沖縄・辺野古での新基地建設など、岸田政権は反対の多い施策を次々と強行してきました。

「聞く力」は「聞き流す力」にすぎず、民意に寄り添う姿勢は全く見られません。特にマイナカードをめぐっては、別人の公金受取口座を誤登録して個人情報が漏洩した問題で、デジタル庁と国税庁が政府の個人情報保護委員会から行政指導されました。健康保険証の医療情報との紐つけミスも8400件以上確認されています。トラブルは底なしで、制度の欠陥は明らかです。国民への強要を止め、保険証の廃止を撤回するべきでしょう。

○前のめりになっている改憲・大軍拡

憲法違反の軍事と戦争への前のめりもこれまでになくひどいものです。自民党の麻生副総裁は台湾を訪問し、有事の際には実際に「戦う覚悟」が抑止力になると講演しました。戦争や武力の行使だけではなく武力による威嚇も「放棄」した憲法9条を持つ日本の与党幹部として、断じて許されない発言です。

内閣改造でも、改憲・軍拡の推進に向けての布陣が鮮明になっています。これまで自民党の憲法改正実現本部事務総長代行を務め、安保3文書の取りまとめや殺傷兵器の輸出を主張してきた木原実氏を防衛相に起用し、自民党の憲法改正実現本部事務総長や衆院憲法審査会で与党筆頭理事として改憲の旗を振ってきた新藤義孝氏を入閣させました。改憲タカ派の高市早苗経済安全保障担当相と萩生田光一政調会長は留任しています。

2024年度予算の概算要求でも防衛費の突出は顕著で、2023年度を1兆円も上回る7・7兆円に達しました。安倍政権時代の1・5倍になる額です。防衛予算は2020年に文部科学省の予算を上回り、24年度予算では1兆8000億円もの差がついています。教育より軍事を優先する岸田政権の姿勢を象徴する異次元の大軍拡予算になりました。

しかも、額を明示しない「事項要求」が多用され、さらに増えることは確実です。全国の自衛隊施設の強靭化、陸海空3自衛隊の統合的な運用のための統合司令部創設、日米融合の統合防空ミサイル防衛（ＩＡＭＤ）の本格的な強化のため予算なども計上されました。実際に戦える自衛隊に向けて着々と手が打たれているというわけです。

○混乱と危機に瀕する国民生活

国民生活も混乱と危機に瀕しています。物価高の大波が押し寄せて国民の生活と営業を直撃しました。それでなくとも、コロナ禍による外出制限や行動抑制によって国民生活は大きな困難にさらされ、経済は大打撃をこうむってきました。

世界も同様で、１００以上の国や地域で消費税を引き下げて生活を支える措置を取りました。しかし、岸田政権は税金を下げるどころか、２０２３年10月から事実上の消費増税となるインボイス制度を導入しました。個人事業主やフリーランス、零細企業は大きな打撃を受け、廃業や倒産の危機にさらされています。

福島第1原発の放射能「処理水」放出に対して中国は日本の水産物の輸入を全面的に禁止する対抗措置を取りました。岸田政権が「関係者の理解なしにはいかなる処分も行わない」という約束を破り、福島の漁業者の了解だけでなく中国に対する根回しもせずに一方的に放出を強行した結果です。「風評」被害対策だけでなく、このような「実害」に対しても解決のための外交努力が欠かせません。

食料自給率は38％にすぎず、エネルギー自給率は12％です。物価の高騰で食の窮乏化が深刻になりました。民間のフードバンクで命をつなぎ、子ども食堂に頼るのは子どもだけではありません。食料支援に学生や若者が列をなしています。

貧困率は15・4％とG7加盟国で最悪になりました。衣食住などの生活必需品が満たされない絶対的貧困が再び頭をもたげ始めています。深刻な貧しさが私たちの前に立ち現れつつあります。

○打開への唯一の活路

これらの困難を打開する唯一の活路は「市民と野党の共闘」です。先の総選挙で、負ければ下野という危機に瀕した自公政権は全力で巻き返し、「第三極」が受け皿となって政権批判が途中下車する結果となりました。

しかし、これしかない唯一無二の選択肢は市民と立憲野党の共闘にほかなりません。政権獲得は立憲民主党単独では不可能で、維新の会は拒否しています。できるところと手を組むしかないでしょう。

立憲民主党を支持しながら共産党との共闘に反対している連合や傘下組合に対しては、イデオロギー的な偏見を捨て、労働者の利益になるかどうかで判断するよう働きかけることが必要です。実質賃金や最低賃金の引き上げ、労働条件の改善、働く者の人権の重視という点で大きな違いはないのですから。

笹森事務局長時代の連合と全労連は、労働基準法改定反対の「花束共闘」、春闘リレー集会での舞台共用、法政大学大原社会問題研究所主催のシンポジウム「労働の規制緩和と労働組合」（司会は私でした）での同席など、接近の動きがありました。

しかし、労働の規制緩和に歯止めをかけるには不十分で、非正規労働の拡大や雇用の不安定化、賃金の低迷をストップさせることができませんでした。この歴史の教訓に学び、労働運動における共同の再建と選挙共闘の確立を両輪に、労働者の要求実現と政権交代をめざして労働組合が大きな役割を果たすことを期待したいと思います。

２０２３年の通常国会では、防衛産業支援法以外のすべての法案で立憲民主党と共産党は共同歩調をとり、岸田内閣不信任案に賛成したのも立憲民主党と共産党だけでした。通常国会の審議では事実上の共闘が実現していたのです。

これを次期衆院選でも選挙共闘として定着させなければなりません。２０２１年の前回総選挙では野党共闘が実現し、小選挙区での統一候補の当選が62、惜敗率80％以上は54、１万票以内が31という成果を収めました。しかし、共闘が不調に終われば「30選挙区で当選ラインを下回る可能性がある」と『東京新聞』（２０２３年8月27日付）は報じています。共闘しなければ現状維持すら難しい、というわけです。

前回総選挙の実績を踏まえ、共闘の意思を確認して政策協定を結ぶことが必要です。そのための働きかけを草の根から強めることが総選挙に向けての最大の課題であり、そこにこそ行き詰まった政治の混迷から抜け出せる唯一の活路があります。

○岩手と立川の教訓に学ぼう

日本は政治でも経済・社会の面でも、先進国ではなくなりつつあります。政治改革・行財政改革・構造改革など、あらゆる改革が失敗続きだったからです。これからも、平和で豊かな希望の持てる国づくりは期待できません。

政治を変えてこのような苦境を打開する道は、市民と野党の共闘です。いかに困難でも、そこにしか出口がなければ、それを目指すべきです。岩手県知事選と立川市長選は、このような教訓と展望を示しています。

岩手県知事選で当選した達増拓也知事は、立憲民主党を基礎に国民民主党や共産党、社民党などの県民連合が大きな力になったと述べています。立川市長選でも元立憲民主党都議の酒井候補が約1600票差で当選しました。その結果、世田谷・中野・杉並・武蔵野・小平・多摩・立川など東京西部で野党共闘の非自民首長が誕生しています。

立憲民主党の支持団体である連合には、イデオロギー的な偏見を捨てて共闘を認め、政治や選挙については立憲民主党の自主性に任せて余計な口出しをしないという節度ある対応を期待したいと思います。働く人々の利益実現や働くルールの確立を目指すという点で、全労連や共産党との大きな違いはないのですから。

「新しい戦前」が懸念されている昨今ですが、戦前にも「反資本主義、反共産主義、反ファシズム」という「三反主義」を掲げて共産党を排除し、大政翼賛会に合流して侵略戦争に協力した無産政党がありました。社会大衆党です。立憲民主党や国民民主党にはこう言いたいと思います。このような戦前の過ちを、二度と繰り返してはならないと。

第４章　裏金事件があぶり出した自民党の腐敗と劣化
――表紙を変えて延命させてはならない

○「政治とカネ」疑惑の発覚と広がり

自民党派閥の政治資金パーティーをめぐる「政治とカネ」の疑惑は、自民党と岸田政権を揺るがす大疑獄へと発展しました。物価高のもとで生活苦に追われる国民をしり目に、法の抜け穴を利用した不正な方法で私腹を肥やしてきた政治家への国民の怒りが爆発し、自民党と内閣に対する支持率は急落しました。

この問題は自民党最大派閥の清和政策研究会（安倍派）に所属する議員がパーティー券収入のノルマ超過分についてキックバック（還流）を受け、裏金化していたとされるものです。しかし、

安倍派の政治資金パーティーを巡る疑惑の構図

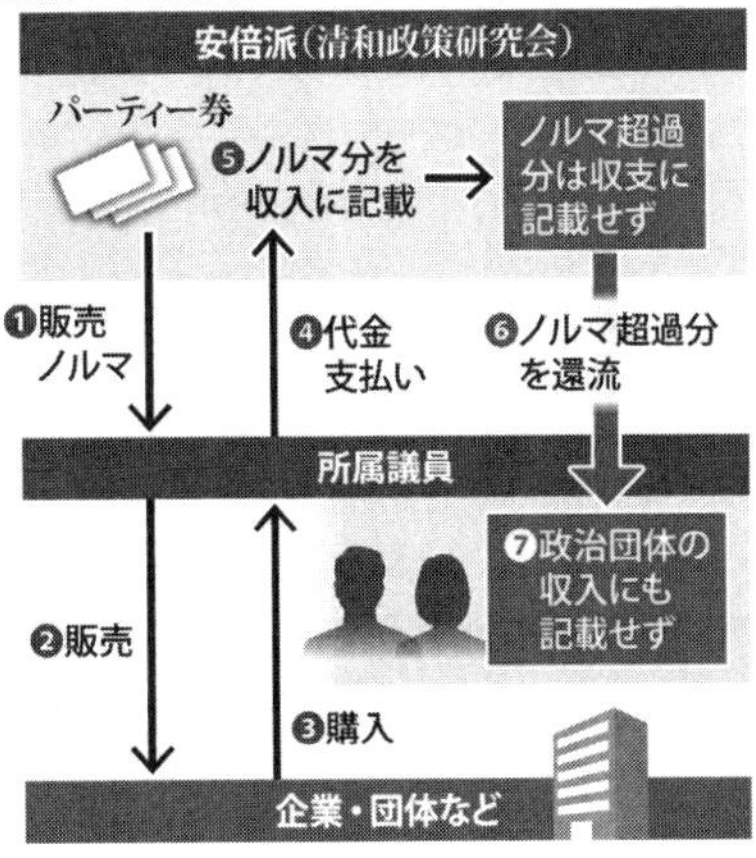

※関係者への取材による
出所：『毎日新聞』2023年12月3日付。

このような形で裏金を得ていたのは安倍派だけに限られず、志帥会（二階派）、宏池政策研究会（岸田派）、平成研究会（茂木派）、志公会（麻生派）という主要な5派閥すべてに共通する問題でした。

なかでも安倍派は組織的に裏金づくりを行い、その額も過去5年間で5億円と大きく、所属議員の大半に還流しているだけでなく、政治資金収支報告書に記載しなくても良いと伝えて口止めするなど悪質なものでした。このため、岸田首相は所属閣僚4人の更迭に踏み切り、安倍派の党役員も交代しました。

臨時国会閉幕を待って東京地検特捜部は捜査を本格化させ、立件も視野に一斉に事情聴取や家宅捜査を行いました。この事件は長年続いてきた自民党各派閥の悪弊を浮かび上がらせるものですが、このような裏金作りがいつから、どのような形でなされ、何に使われてきたのか、事実の解明と責任の追及が行われなければなりません。

○重篤化した自民党の宿痾

「宿痾《しゅくあ》」というのは、長い間治らない慢性の病気のことです。自民党は以前からこのような宿痾を抱えており、それが重篤化して死に至る病となるリスクが高まっています。それは右傾化と金権化でした。この宿痾によって全身がむしばまれているのが安倍派です。

右傾化という点では改憲と軍事大国化の先兵となり、「安保3文書」の作成と敵基地攻撃能力（反撃能力）の保有、大軍拡・大増税や改憲発議に向けての政策転換をリードしてきました。金権化という点でも、キックバックによって組織的な裏金作りを行い、収支報告書に記載せず、金集めに狂奔していた姿が明らかになりました。

このような病気を治療するためには、世論による批判と法的な規制が欠かせません。根本的には政権交代によって罰し、根本的な出直しを迫る必要があります。自民党は30年以上も前に、派閥による資金調達の制限や党役員と閣僚らの派閥離脱、派閥解消の決意などを掲げた「政治改革大綱」を決定していたのですから。自主的な改革や努力に任せても「百年河清を俟《ま》つ」に等しいことは、今回の事件によっても明らかです。

政治資金集めのパーティーは事実上の献金にほかなりません。政党助成金が導入されたとき、企業・団体献金は5年後に禁止されることになっていました。その約束が守られていれば、このような二重取りで裏金を作る悪弊は生じなかったはずです。パーティーを始めとした企業・団体献金を禁止し、政治資金の流れを透明化するための制度改正が急がれます。

捜査の結果、政治資金規正法違反や脱税ということで逮捕され有罪となれば、議員辞職は免れず、公民権停止となって選挙に出ることもできなくなります。国民の信頼を回復するためには、少なくとも裏金受領の有無と使途を進んで明らかにして派閥を解消し、国会での証人喚問に応ずることが必要でしょう。

○表紙を変えて延命させてはならない

今回の裏金事件は、「令和のリクルート事件」だと言われます。リクルート事件は1988年に発覚した戦後最大の贈収賄事件で、関連会社の未公開株が政治家や官僚などに賄賂として贈られ、竹下登首相や宮澤喜一蔵相が辞任に追いこまれました。

竹下後継として名前が上がった伊東正義総務会長は「表紙だけ変えても中身を変えなければダメだ」と言って要請を断りました。今回の裏金事件は、表紙だけ変えて生き延びてきた自民党がどれほど腐りきってしまったかを白日の下にさらしました。

その後就任した宇野宗佑首相は女性スキャンダルで海部俊樹首相に交代し、参院選で自民党は過半数を失い「ネジレ国会」になります。さらに金丸巨額脱税事件で政権を失い、政権復帰後も橋本龍太郎首相が参院選で敗北、後を継いだ小渕恵三首相が急死し、森喜朗首相に交代したものの「神の国」発言で支持率が急落して危機に陥りました。

このとき、「自民党をぶっ壊す」と言って登場したのが小泉純一郎首相でしたが、結局は自民党を救うことになりました。その後も1年交代の短期政権が続き、総選挙で敗れて民主党政権に代わりますが、第2次安倍政権によって政権復帰に成功します。

このように自民党は支配の危機に陥るたびに派閥間で政権をたらい回しにする「振り子の論理」によって目先を変えながら生き延びてきました。今回もこのような「疑似政権交代」で生き伸びようとするにちがいありません。それを許さず、追い込まれ解散で野党に政権を奪われた麻生首相の二の舞を演じさせなければなりません。表紙を変えても同じことを繰り返すにちがいないということは、これまでの歴史が教えているのですから。

○唯一の活路は共闘による政権交代

自民党の宿痾を治療し「政治とカネ」の問題を解決するためには、政権から追い出して政治に緊張感を取り戻すことが必要です。そのための唯一の活路は市民と野党の共闘です。憲法を尊重し、平和・民主主義・人権を守り、国民要求の実現をめざす本格的な政権交代によって希望のもてる未来を実現しなければなりません。

戦争法反対運動以来、野党共闘は多くの経験と実績を積み重ねてきました。これに危機感を募らせた自民党の激しい巻き返しに会って、一時は困難に直面しました。しかし、2023年12月7日に市民連合を仲立ちとした政策要望会が開かれ、立憲・共産・れいわ・社民・参院会派「沖縄の風」の5党・会派が次期総選挙に向けて5項目の共通政策を確認しました。共闘の再構築に向けて重要な一歩が踏み出されたことになります。

ここで強調したいのは、野党共闘に背を向けることは危機に陥った自民党を救うことになるということです。政治をまともなものに立て直すためには「政治とカネ」の問題で腐りきった自民党を権力の座から追い出して責任をとらせなければなりません。そのために必要で唯一可能な方法は、市民と野党が手を結ぶことです。

「非自民非共産」を唱えて共闘から共産党を排除する動きがありますが、これは決定的な誤りです。今回の裏金事件発覚の発端は共産党の『しんぶん赤旗』日曜版のスクープでした。安倍元首相の「桜を見る会」や前夜祭の問題も共産党の田村智子副委員長（当時）の国会質問から明らかになりました。統一協会や勝共連合から敵視され真っ向から対峙してきたのも、政党助成金を受け取らず「政治とカネ」の問題で最もクリーンなのも共産党です。

「政治とカネ」の問題を正し自民党の金権腐敗政治を断罪する最適な有資格者は共産党ではありませんか。イデオロギー的な偏見や色眼鏡で見るのではなく、事実と歴史を直視するべきでしょう。立憲民主党と共産党の連携を軸に市民が結集する共闘を再建し、「受け皿」づくりによって活路を開くことこそ最大の課題です。

自民党の「オウンゴール」によって大きなチャンスが生まれました。派閥による政権のたらい回しを許さず、自公政権を解散・総選挙に追い込み、政権交代を実現しようではありませんか。後世において、あのとき希望の政治への扉が開かれ、歴史が変わったのだと言われるように。

第5章　自民党政治の混迷と野党共闘の課題
――受け皿を作って政権交代を

○混迷を深める自民党政治

「大山鳴動して鼠三匹」というところでしょうか。自民党の政治資金パーティーをめぐる裏金事件です。検察の腰砕けにはあきれてしまいました。政治家では池田佳隆衆院議員が逮捕され、大野泰正参院議員が在宅起訴、谷川弥一衆院議員が略式起訴されたにすぎません。

疑惑の渦中にあった塩谷立元文部科学相などの安倍派トップや松野博一前官房長官、高木毅前国対委員長、萩生田光一前政調会長、西村康稔前経産相、世耕弘成前参院幹事長の「安倍派5人衆」、二階派会長の二階俊博元幹事長らはおとがめなしとなってしまいました。

自民党は「政治刷新本部」を設置して「中間とりまとめ」を発表しましたが、政治資金パーティーの禁止は運用面での取り組みにすぎず、禁止する法改正にまでは踏み込んでいません。企業・団体献金の禁止や連座制導入への言及もありません。

また、自民党は全議員対象のアンケートを実施して調査結果を公表し、安倍派や二階派の議員らに対する聞き取り調査の結果も明らかにしました。アンケートによって不記載は85人、5億7949万円だったことが明らかになりましたが、誰の指示で、いつからどのように裏金作りをはじめたのか、そのお金を何に対してどのように使ったのかという核心部分は明らかにならず、「事実上のゼロ回答」と報じられました。

聞き取りでも、裏金作りは約20年以上も前から始まっていたとされますが、詳細は明らかになっていません。一連の対応によって露呈したのは、自民党の自浄能力のなさです。自民党任せにせず、国会が真相解明に取り組む必要があります。

野党は裏金作りが判明している衆院議員や参院議員83人の政治倫理審査会（政倫審）への出席を求めました。岸田首相をはじめ安倍派の幹部などが出席しましたが、自己弁護の言いっぱ

アンケート結果で判明した
自民党の裏金議員トップ20

1	二階俊博	3,526 万円
2	三ツ林裕己	2,954 万円
3	萩生田光一	2 728 万円
4	山谷えり子	2,403 万円
5	堀井　学	2,196 万円
6	橋本　聖子	2,057 万円
7	武田　良太	1,926 万円
8	中根　一幸	1,860 万円
9	平沢　勝栄	1,817 万円
10	簗　和生	1,746 万円
11	林　幹雄	1.608 万円
12	杉田　水脈	1,564 万円
13	世耕　弘成	1,542 万円
14	宮本　周司	1,482 万円
15	宗清　皇一	1,408 万円
16	菅家　一郎	1,289 万円
17	小田原　潔	1,240 万円
18	衛藤征士郎	1.070 万円
19	松野　博一	1,051 万円
20	高木　毅	1.019 万円

※2018年から2022年の政治資金パーティー総額。

なしや虚偽答弁が可能な政倫審は、説明責任を果たしたという免罪符を手にして幕引きに利用されたにすぎませんでした。疑惑を深めただけで真相解明には結びつかず、参考人招致や罰則付きの証人喚問が必要になっています。

○幕引きを狙った形だけの処分

自民党は2024年4月4日、派閥の政治資金パーティーによる裏金事件にかかわった安倍派と二階派の議員ら39人の処分を決めました。主な対象者は2022年までの5年間で政治資金収支報告書への不記載額が500万円以上の議員で、それ未満の46人については戒告にすぎません。幕引きを狙った形だけの処分だと言うべきでしょう。

自民党派閥裏金事件の主な処分

離党勧告	塩谷 立　世耕弘成
党員資格停止（1年）	下村博文　西村康稔
党員資格停止（6カ月）	高木 毅
党役職停止（1年）	武田良太　松野博一 萩生田光一　林幹雄 平沢勝栄　三ツ林裕巳 堀井 学　橋本聖子 山谷えり子
党役職停止（6カ月）	衛藤征士郎　小田原潔 管家一郎　杉田水脈 中根一幸　宗清皇一 簗 和生　宮本周司
処分なし	岸田文雄　二階俊博 森　喜朗

出所：「東京新聞」2024年4月5日。

なぜ、500万円で区切るのか、それ未満の額でも犯罪ではないのか、不記載は20年以上前からやられていたのに22年までの5年間だけの額が対象とされているのはどうしてなのかなど数々の疑問があります。そもそも不記載のルールを誰がいつごろから始めたのかが不明です。真相究明なき処分ですから、その基準があいまいになるのも当然です。

裏金事件の中心にいたとみられる森喜

朗元首相は対象にならず、不記載額が最多の二階俊博元幹事長は次期衆院選への不出馬を表明したためにおとがめなしです。安倍派座長だった塩谷立元文科相と参院トップだった世耕弘成前参院幹事長は離党勧告でした。しかし、自民党全体のトップである党総裁の岸田文雄首相の処分は見送られました。不祥事の責任をトップが取らないことは、民間企業では考えられません。

2人の離党勧告のほか、党員資格停止1年が2人、同6カ月が1人、党役職停止1年が9人、同6カ月が8人となっています。厳しいように見えますが、離党してもほとぼりが冷めたころに復党するのがほとんどです。新型コロナウイルス下の銀座で深夜に会食していたとして処分され、離党した3人も全員が復党しています。

○次々に出てくる疑惑の数々

自民党の「政治とカネ」をめぐっては、政治資金パーティーによる裏金作り以外にも、次々と新たな疑惑が生じています。政治資金収支報告書の訂正では、萩生田前政調会長が「不明」ばかりで大きな批判を浴びました。不記載額がトップだった二階元幹事長は、書籍代に3660万円も支出しており、政党から議員個人へのつかみ金となっている政策活動費が5年間で48億円という巨額に上っていることも判明しました。

岸田首相自身にも、総理就任を祝うパーティーについての疑惑が浮上し、松野前官房長官については退任直前に官房機密費4660万円を自分に支出していたことが暴露されました。茂木敏充幹事長の選挙経費「二重計上」疑惑や甘利明元選挙対策委員長が全国を回って裏金を配っていた疑いなど、まさに「底なし沼」のような腐敗ぶりです。

加えて、統一協会との癒着についての新た疑惑も浮上しました。所管大臣である盛山正仁文科相が統一協会と関連する団体の集会に出席し、政策協定にあたる推薦確認書に署名していた写真が朝日新聞に掲載されたからです。これについては自民党の点検でも報告されていませんでした。

盛山文科相は国会での質疑で「記憶にない」を連発し、岸田首相は「関係を断っている」と弁護していましたが、最近まで協会の友好団体の機関誌が送り付けられていました。立憲民主党は文科相の不信任決議案を衆院に提出しましたが、自民・公明・維新の多数で否決されています。

この間、林芳正官房長官も推薦確認書を提示して署名を求められていたことや岸田首相も盛山文科相と一緒に写っていた協会幹部と同じ写真に写っているなど、統一協会との新たな接触も明らかになっています。

その後、岸田首相が自民党政調会長だった2010年に統一協会の友好団体トップとの写真に写っていた問題で新たな事実が判明しました。この時、面会者はギングリッチ元米下院議長など8人で、うち6人が教団の友好団体である「天宙平和連合（UPP）ジャパン」の関係者だったこと、岸田首相とも言葉を交わしていたことが報道されています（『朝日新聞』2024年3月28日付）。まさに、際限のない癒着ぶりというほかありません。

○厳しい批判と攻防の構図

このようなスキャンダルの連発によって、岸田政権と自民党は世論の厳しい批判を浴びました。時事通信が実施した2月の世論調査で、岸田内閣の支持率は前月比1・7ポイント減の16・9％で発足以来の最低、毎日新聞では支持率14％で不支持率82％でした。不支持率の8割越えは1947年以来初めてです。

しかし、このような支持率の低下が自民党支配の打倒に直ちに結びつくわけではありません。これまでも自民党はペテンとゴマカシによって支配の危機を乗り越え、生きながらえてきたからです。

たとえば、金丸巨額脱税事件で国民の怒りを買い、総選挙で自民党が敗北して細川連立政権が樹立されたとき、金権腐敗打破を掲げた政治改革が選挙制度改革にすり替えられ、小選挙区比例代表並立制と政党助成金制度が導入されました。このとき政権から転落した自民党は大政党に有利な選挙制度を導入し、助成金と企業・団体献金との二重取りによって「焼け太り」してしまったのです。

また、森喜朗首相が数々の失言によって世論の批判を浴び、内閣支持率を一けたにまで低下させたとき、総裁選を前倒しして小泉純一郎総裁を選出し、その後の総選挙で自民党は大勝して息を吹き返しました。小泉首相は「自民党をぶっ壊す」と言いながら自民党を救いました。「小泉劇場」による「目くらまし」が功を奏したわけです。

現在、危機に陥っている自民党は、この「小泉劇場」の再現を狙っているのかもしれません。菅前首相を黒幕とする「小石河」（小泉・石破・河野）の暗躍もうわさされています。金丸巨額脱税事件での「焼け太り」や「小泉劇場」による「目くらまし」を許すことになるのか、野党や国民にとっての正念場が訪れようとしています。

○共闘で「受け皿」を作れば勝てる

支配の危機を自民党政治の打破に結び付けるための最大のカギは市民と野党の共闘です。野党は「受け皿」作りを急ぎ、一致して自民党を追い詰める必要があります。「振り子の論理」による派閥間の「疑似政権交代」によるマヤカシに騙されてはなりません。

「疑似」ではなく「真正」の政権交代を実現するためには、野党が一本化して自民党と対決する必要があります。立憲民主党の泉健太代表は各党が一致できる内容に絞って連携する「ミッション型内閣」を掲げていますが、たいへん注目される提唱です。共闘すれば勝てるけれど、分裂すれば勝てないというのが、この間の地方選挙で示された教訓ですから。

前橋市長選挙では、自民・公明に支援され4選を目指した無所属現職候補に対して野党が支援した無所属新人の元県議が初当選しました。1万4000票余もの大差でした。与野党が一本化して対決し、「保守王国」とされる群馬の県庁所在地で野党側が勝利したのです。

これに対して、私が住んでいる八王子市長選挙では、野党側が分裂したために惜敗に終わりました。萩生田前政調会長などの自民党と公明党が支援する現職市長の後継候補が6万4000票と大きく票を減らしたにもかかわらず、「反萩生田連合」の候補が5万7000票と、7000票差で惜敗しました。

この候補者は元都民ファーストの都議ながら無所属となって立憲・共産・生活者ネット・社

民・新社会の野党だけでなく、元自民党衆院議員や2人の元自民党市議会議長の応援を得ましたが、もう一人の元都民ファーストの都議で完全無所属を掲げた候補が4万5０００票を獲得したために当選できませんでした。「反萩生田」の票は2人合わせて10万2０００票と自公推薦候補を大きく上回っていたにもかかわらず。

まことに、惜しい結果でした。「野党が覚悟を決めて大同団結し」（大島理森・元衆院議長）、力を合わせて統一していれば勝てました。国会議員の応援を断ったのも問題です。主敵を絞って総力を結集し、あらゆる手段を駆使して市民と野党が共闘する大切さを痛感させられたものです。

終章　「新しい政治」への挑戦
――どうしたら良いのか、どうすべきなのか

○改革神話の罪と罰

自民党の政治資金パーティーによる裏金事件は、30年以上も前の政治改革がいかに中途半端で「改革」の名に値しないものであったかを明らかにしました。自民党の金権腐敗問題は派閥同士の競い合いを生む中選挙区のせいにされ、小選挙区制を導入する選挙制度改革にすり替えられました。同時に、政党助成金が新設され企業・団体献金は禁止されませんでした。自民党は政治資金スキャンダルで政権を失ったにもかかわらず、結果的には「焼け太り」に成功したのです。

私は『一目でわかる小選挙区比例代表並立制―新しい選挙制度であなたの1票はどうなる』（労働旬報社、1993年）を書いて小選挙区制に反対しました。政治学会では政治改革への賛成者が多数派で、小選挙区制に反対する論陣を張っていたのは朝日新聞編集委員だった石川真澄さんくらいでした。1993年の政治学会では、たまたま昼食で同席した名古屋大学の後房雄さんと小選挙区制をめぐって延々と論争になり、午後の学会に出席できなかったこともあります。

その2年後の1996年10月に小選挙区比例代表並立制による最初の総選挙が実施されまし

た。その結果について、私は『徹底検証　政治改革神話』（労働旬報社、1997年）を書いて新しい選挙制度の問題点を明らかにし、徹底的に批判しました。30年近く前から、私にとって「政治改革」は「神話」にすぎなかったのです。

○労働改革・行政改革・財政改革も失敗

改革「神話」によって生み出された罪は、政治の分野だけに限られませんでした。労働改革もまた多くの罪を犯しています。新自由主義を背景に推し進められた労働の規制緩和と民営化によって労働者の非正規化がすすめられ、今日では働く人々の4割が派遣などの非正規労働者になっています。とりわけ女性の非正規率は高く、働く人の54％を占めているほどです。

私は労働の規制緩和にも反対し、働く人々の権利を守り待遇を改善するために、『労働再規制―反転の構図を読みとく』（ちくま新書、2008年）を書き、労働現場での働くルールの厳格化を主張しました。それ以前から『日本型労使関係の成功―戦後和解の政治経済学』（有斐閣、1998年）を書いた久米郁夫神戸大学教授を論敵として厳しく批判してきたからです。日本的労使関係が誰にとっての「成功」だったのか、少なくとも働く人々にとってではなく、多くの国民や日本経済にとっても決して「成功」をもたらさなかったことは、今では明らかではないでしょうか。

このほか、鳴り物入りで実施された行政改革や財政改革も、結局は公務行政の再編と縮小、非正規化を拡大し、地方自治体や政府の体力を低下させ、災害対応などでの人手不足や支援の遅れをもたらしています。国や地方の借金も増え続け、国債残高（国の借金）は1000兆円を超えるまでになりました。行政の脆弱化や借金財政の悪化をもたらしたのも、改革神話の大きな罪でした。

改革という言葉によって国民を欺いてきた自民党の罪はとてつもなく大きなものです。それを批判し続けてきた私としては、ストップさせることのできなかった無力と責任を痛感し、慚愧に堪えない思いでいっぱいです。大きな反省を込めて本書を執筆しました。

「政治とカネ」の問題でも、自民党の罪はすでに30年以上も前に明らかになっていました。それに対してきちんとした罰を与え政治資金の規正を強めていれば、今回のような問題は起きなかったはずです。今こそ腐れ切った自民党を政権の座から追い出すことで罰を与え、本物の「政治改革」に取り組まなければなりません。

○だから言ったじゃないの

政治改革や労働改革についてだけではありません。「だから言ったじゃないの」と、今となっては叫びたい気持ちで一杯です。憲法を守るだけではなく活かすことの必要性、自民党政治と安倍政権の危険性、市民と野党の共闘の重要性について、繰り返し警鐘と提言を積み重ねてきたからです。

憲法を変えるのではなく活かすべきことを強調し、「もし、憲法の理念を活かすことによってこの現実を変えることができれば、日本はもっといい国になります」と、『活憲—「特上の国」づくりをめざして』（山吹書店、２００５年）に書きました。残念ながらそうできず、日本はもっと悪い国になってしまいました。

安倍政権に対しても、その危険性に危機感を感じて『対決　安倍政権―暴走阻止のために』（学習の友社、2015年）を書き、「安倍政権が目指す日本は、国民を不幸にする」と警鐘を乱打しました。とりわけ9条改憲については『打倒　安倍政権―9条改憲阻止のために』（学習の友社、2018年）を刊行し、9条の改憲阻止を訴えました。

野党共闘の意義と重要性についても繰り返し主張してきました。『活路は共闘にあり―社会運動の力と「勝利の方程式」』（学習の友社、2017年）では、共闘こそが「活路」であり、そのために社会運動が大きな力を発揮すべきことを力説し、『市民と野党の共闘で政権交代を』（あけび書房、2021年）という共著でも、「統一の力で政治を変えたい。これが私の生涯をかけた『夢』だったのです」との思いを吐露しています。

しかし、いずれも「荒野に叫ぶ声」だったのかもしれません。政治を学び、政治について発言し、その問題点や過ちに気が付いていながら、政治を変えることができませんでした。私自身の力不足を痛感しています。

○非共産の呪縛を解け

それでは、どうすればよいのでしょうか。私たちはどうするべきなのかが、真剣に問われなければなりません。これに対する回答の一つとして、注目に値する記事が目に飛び込んできました。「30年前、非自民連立政権を率いて政治改革に取り組んだ細川護熙元首相」に対するインタビューです。

この中で、細川元首相は次のように述べています。「再び野党が『政治改革政権をやろう』

と一緒になったら、30年前のように面白い状況が生まれるのではないか。細川政権の8党派の時は非自民・非共産だったが、今度は共産党だって一緒にやった方がいい。そのくらいまでも抱合するような政治改革政権を目指すのがいいのではないか」「共産との関係は、閣外協力のバリエーションなど、形を工夫すればいい」（『朝日新聞』2024年2月27日付）。

「政治改革政権」を目指して「一本の旗に集え」という細川元首相の提言に大賛成です。かつて私は『概説現代政治―その動態と理論』（法律文化社、1993年）の「あとがき」で、「保守政治と手を組むことを潔《いさぎよ》しとしないすべての勢力が協力・共同する必要」があることと「日本共産党の力と政策をその構成部分とする『大左翼』の結集」を訴えました。そのような私としては、31年経ってようやくこのような「正論」が登場したことに大きな感慨を覚えます。

○吉野連合会長のとるべき道

すでに野党共闘は2015年の戦争法反対闘争以来の経験を蓄積し、一定の成果を収めてきています。最近でも、青梅や所沢、前橋など地方の首長選挙で大きな威力を発揮してきました。ここで強調しておきたいことは、これらの共闘には共産党も加わっていること、その共闘によって助けられ、利益を得てきたのは野党第一党の立憲民主党だったということです。この事実を踏まえ、非共産の呪縛を断ち切って腹を据えて共闘に取り組むことを立憲民主党に求めたいと思います。

この点で大きな障害になってきたのが労働組合の連合でした。というより、現在の吉野友子会長の特異な偏見であり言いがかりだということかもしれません。勤務先であった大原社会問題研究所は連合とも付き合いがあり、私も、鷲尾悦也、笹森清、高木剛、古賀伸明の歴代会長と面識があります。

これらの歴代会長から感ずることのなかった強烈な反共産党感情を、今の吉野会長からは感じられてなりません。根拠を示すことなく繰り返されるイデオロギー的な「反共」発言は独特なものです。その背景には、統一協会と深いかかわりのある松下正寿元参院議員が理事長を務めていた富士政治大学校の教育があるのではないでしょうか。

このような統一協会の黒い影によって連合会長が毒されるようなことがあってはなりません。自民党のみならず、野党の一部にまで統一協会の悪影響が及んでいるとしたら大問題です。野党共闘に積極的に加わること、少なくとも妨害しないことで、このような疑いを晴らすことこそ、吉野連合会長のとるべき道ではないでしょうか。

○主権者としての責任を果たそう

自民党大軍拡・腐敗政治を追撃するためには、主権者としての権利を行使し、責任を果たさなければなりません。日本は腐りきった自民党によって、今や崖っぷちに立たされることになったからです。

拙著『18歳から考える日本の政治（第3版）』（法律文化社、2021年）で、私は「政治とはものごとを決めることです」として、「不正を許さず、不条理と闘うことこそ、政治においてあるべき本来の姿なのです」と書きました。選挙を通じて決定権を行使できる有権者は、今こそ「不正を許さない」という「政治の本来的な役割」を果たさなければなりません。

岸田政権は憲法を軽んじ、政治を食い物にして腐敗させ、大軍拡に狂奔しています。経済力は弱まり、国内市場は狭隘化して新しい成長産業を生み出す力を失いました。子供を産み育てる困難さのゆえに出生数は最低となって人口は減り続け、少数者や外国人に対する差別や偏見、人権の無視や排除という時代錯誤の悪弊も続いています。

これでは希望を持てるはずがありません。まず、声を上げることが必要でしょう。自民党と岸田政権に対して、きっぱりと「ノー」を突き付けなければなりません。そのためには、何が問題であるかを判断する力が欠かせません。教育とメディアによって、そのような力を培うことが期待されますが、実際にそうなっているでしょうか。

知識や情報は与えられるのではなく、自ら学び取っていくものです。受け身ではなく、主体的な努力によって情報戦を勝ち抜いていく攻勢的な姿勢が求められます。インターネットの使い方にも習熟することが必要です。「ポスト真実」の時代となった今日、ネットには生成ＡＩなども利用したフェイクニュースが満ち溢れているのですから。

○選挙での権利行使を

２０２４年は選挙の年になりそうです。４月には3選挙区での補欠選挙が実施され、７月には東京で都知事選挙があり、都議の補欠選挙も多く予定されています。この前後にはほぼ確実に解散・総選挙が行われるとの観測もあります。これらの選挙で棄権することなく、必ず主権者としての権利を行使しなければなりません。それは義務でもあるのですから。

ただし、選挙に行って投票するだけでは不十分です。これらの選挙のどれにおいても、政治を変えるために必須な条件が一つあります。それは自民党にだけは投票しないということです。自民党に推薦されたり応援されたりしている候補者にも投票してはなりません。

裏金事件などの「政治とカネ」をめぐって明らかになったことは、政治資金規正法という法律の趣旨や政治倫理を守ろうとするのではなく、法律の不備や抜け穴を探して金集めに狂奔する自民党議員のあさましく醜い姿でした。

そしてその多くは反社会的カルト団体である統一協会との黒いつながりがあり、その支援を受けて当選した過去があります。このような政党や議員、首長に対しては、最大級のペナルティを課さなければなりません、国政でも地方政治でも、選挙で落選させて権力を剥奪するという形で。

「あのとき日本は変わった」と、いつか言いたいものです。もちろん良い方向に、です。2024年はそう言える得難い1年になるでしょう。この時代に生きる主権者としての責務を自覚し、主権を行使できる機会を有効に生かしたいものです。

再びこう言いましょう。あらゆる選挙で自民党にだけは投票せず、日本を変えようではないか、と。こうすることで、主権者としての力と矜持を示そうではありませんか、と。

あとがき

やむにやまれぬ危機感に駆られて本書を執筆しました。戦争準備は戦争を引き寄せてしまうのではないか。軍拡のための大増税によって生活はぶっ壊されてしまうのではないか。政治が食い物となって自民党の蓄財に利用され、人権が軽んじられる醜い国になってしまうのではないか。

そうであってはならないとの気持ちから、思いのたけを書き綴ったのが本書です。本書は私の叫び声だったのかもしれません。それだけに、覚悟を決めて書きました。金権腐敗政治にどっぷりとつかり、統一協会と癒着して堕落し続けながら、その背後で戦争への準備と大軍拡を着々と進めている自民党政治への怒りをバネにしながら。

このような私の危機感と怒りを共有し、そこから抜け出すために力を合わせようではないかと、皆さんに訴えたいと思います。今度こそ、市民と野党の共闘によって自民党政治に代わる新しい政権を実現したい。これこそが、本書を書いた最大の動機であり目的なのですから。

本書は学習の友社から刊行する5冊目の単著となります。本書を書き終えて、こんなに変わってしまったのかと、今さらながら驚いています。日本の惨状、自民党の劣化、政治への不信。全てが変わってしまいました。それも良い方にではなく、悪い方に。

とりわけ、自民党は腐れ切ってしまいました。こんな政党が政権党なのかと、暗澹たる思いでいっぱいです。日本に寄生する組織的犯罪者集団ではありませんか。

反社会的カルト集団である統一協会との癒着、法の網の目をかいくぐった裏金作り、兵器産業や原発産業などの走狗、女性蔑視・少数者差別・同性婚と選択的夫婦別姓に反対する時代錯誤の数々。これらの罪に対し、厳しい罰を与えて政権から追い出すしかありません。

本書の元になっているのは、これまでに発表してきた以下の論攷です。一応、対応する章などを掲げておきますが、これまでと同様、大幅に加筆・修正していることをお断りしておきます。

第一部　安保3文書と大軍拡・大増税

第1章「改憲・大軍拡を阻止し9条を守り活かすための課題」『季刊　自治と分権』No.90、2023年冬号

第2章「嘘とでたらめで巻き込まれる戦争などマッピラだ―大軍拡・大増税による戦争への道を阻止するために」『月刊　憲法運動』通巻518号、2月号

第3章「ウクライナ戦争に便乗した「新たな戦前」を避けるために―敵基地攻撃論の詭弁と危険性」『学習の友』、2023年6月号

第4章「敵基地攻撃能力の危険な企み―それは日本に何をもたらすか　実質改憲に突き進む岸田政権の狙いを暴く」『治安維持法と現代』2023年秋季号

第二部　裏金事件と岸田政権の迷走

第1章　「岸田政権を覆う統一協会の闇─癒着議員抜きでは組閣できず」『治安維持法と現代』NO.44、2022年秋季号
「統一協会　自民に政策指南　中曽根内閣　提言受け次々実行」『しんぶん赤旗』日曜版2023年10月8日号
第2章　「現代史のなかでの岸田政権をどう見るか」『学習の友』2023年10月号
第3章　「行き詰まる岸田政権　総選挙に向けた課題」『全国革新懇ニュース』8月10日号
「〝タガ〟が外れた岸田政権で日本はどうなる?」『東京非核政府の会ニュース』No.424、8月20日号、No.425、9月20日号
「暴走を続ける岸田大軍拡政権に引導を渡そう」『東京革新懇ニュース』第486号、10月5日号
第4章　「裏金事件があぶり出した自民党の腐敗と劣化──表紙を変えて延命させてはならない」『学習の友』2024年2月号
第5章　「自民党政治の混迷と野党共闘の課題──受け皿を作って政権交代を」『学習の友』2024年4月号

戦争と虐殺、貧困と格差、差別と分断、自然災害の頻発。もうなくなったと思っていた災厄が過去にもまして大きな波となって押し寄せてきました。こんなはずではなかったと、いまさらながら悔しい思いでいっぱいです、
私は研究者生活を始めた最初の単著『戦後保守政治の転換』で、中曽根康弘元首相の軍拡・

改憲路線を批判しました。政治改革で導入された小選挙区制にも反対し、労働の規制緩和に警鐘を鳴らしてきました。歴代の自民党政権に対峙し続けてきた研究者人生でした。しかし、それは「蟷螂《とうろう》の斧」だったようです。

私の批判や警鐘が間違っていたら、この日本はもっとましな国になっていたでしょう。そうではなかったがゆえに、今日のような惨状を招いてしまいました。私としては「だから、言ったじゃないの」と叫びたい気持ちですが、それも空しく残念でなりません。

それでも、もう一度声を大にして警鐘を鳴らすべきではないかと思い、本書を出すことにしました。あきらめることなく声を出し続けることこそ、私にできることなのですから。たとえそれが「蟷螂の斧」にすぎないものだとしても。

著者略歴

五十嵐　仁（いがらし・じん）

法政大学名誉教授、大原社会問題研究所名誉研究員、全国革新懇常任世話人、東京革新懇代表世話人、労働者教育協会理事。1951年生まれ、新潟県出身。専門分野は政治学・労働問題。

主要著作

『戦後保守政治の転換―「86年体制」とは何か』ゆぴてる社、1987年
『一目でわかる小選挙区比例代表並立制』労働旬報社、1993年
『徹底検証　政治改革神話』労働旬報社、1997年
『政党政治と労働組合運動』お茶の水書房、1998年
『概説現代政治―その動態と理論［第3版］』法律文化社、1999年
『戦後政治の実像―舞台裏で何が決められたのか』小学館、2003年
『現代日本政治―「知力革命」の時代』八朔社、2004年
『この目で見てきた世界のレイバー・アーカイブス』法律文化社、2004年
『活憲―「特上の国」づくりをめざして』山吹書店、2005年
『労働再規制―反転の構図を読みとく』ちくま新書、2008年
『労働政策』日本経済評論社、2008年
『対決　安倍政権―暴走阻止のために』学習の友社、2015年
『活路は共闘にあり―社会運動の力と「勝利の方程式」』学習の友社、2017年
『打倒　安倍政権―9条改憲阻止のために』学習の友社、2018年
『日本を変える―「新しい政治」への展望』学習の友社、2020年
『18歳から考える日本の政治［第3版］』法律文化社、2021年

個人ブログ「五十嵐仁の転成仁語」 http://igajin.blog.so-net.ne.jp/

追撃　自民党大軍拡・腐敗政治―政権交代のために

発行　2024年5月25日　初版　定価はカバーに表示
著者　五十嵐仁

発行所　学習の友社
〒113-0034　文京区湯島2-4-4
電話　03（5842）5641　FAX　03（5842）5645
印刷所　モリモト印刷

ISBN978-4-7617-0750-7